이 빌어먹을 세상엔 로큰롤 스타가 필요하다

이 빌어먹을 세상엔 로큰롤 스타가 필요하다

맹비오

만약 로큰롤이 불법이라면,

날 감방에 쳐넣어요.

If it's illegal to rock and roll,

Throw my ass in jail.

-커트 코베인-

일러두기

*저자 고유의 글맛을 살리기 위해 표기와 맞춤법은 저자의 스타일을 따릅니다.
*앨범명은 《 》, 곡명은 < >로 표기했습니다.

프롤로그
: 비틀즈의 음악보다

대학교 2학년 때, 비틀즈 멤버 폴 메카트니 할아버지의 내한 공연 소식이 있었다. 비틀즈를 그다지 좋아하진 않았다. 아는 노래는 손에 꼽을 정도였다. <Let it be>, <Yesterday>, <Hey jude>, <Ob-La-Di, Ob-La-Da>, 기타 등등. 당시 밴드 동아리에서 드럼을 쳤던 나는 허세가 가득 했다. 밴드라면 비틀즈 음악을 들어야지. 암. 그렇고말고. 록의 전설인데.

대학 동기 한 놈도 나를 설득했다.
"야. 너 폴 메카트니 할아버지가 몇 년생인지 알아? 42년생이야. 이번에 못 보면 평생 못 봐."

유혹에 넘어갔다. 티켓 값은 30만 원. 학식을 100번 먹을 수 있는 돈이었다. 한 달 생활비를 로큰롤의 전설에게 바치고, 그를 만날 날을 손꼽아 기다렸다. 안타깝게도 폴 메카트니 할아버지께서는 한국 공연 전에 장이 꼬이셨다. 기다리던 공연은 취소되었고, 다시 한 달을 살아갈 수 있는 생활비가 생겼다. 나는 여전히 생각한다. 사실상 폴 메카트니 할아버지를 본 거나 다름없다고.

○

얼마 전 <예스터데이>라는 영화를 봤다. 전 세계에 갑작스러운 정전이 일어났다. 빛이 사라진 길을 걷던 무명 가수 잭은 버스에 치인다. 다행히 빠르게 회복한 잭은 친구들 앞에서 비틀즈의 <Yesterday>를 부른다. 그런데 아무도 그 노래를 모른다. 잭은 집에 가서 가족들에게 비틀즈의 <Let it be>를 들려준다. 누군가 말한다.

"네가 지금까지 만든 노래 중에 제일 좋다."

잭은 인터넷에 비틀즈를 검색한다. 전혀 나오지 않는다. 세상 모두가 비틀즈를 잊었다. 오직 나만 빼고. 잭은 비틀즈를 마음껏 이용한다. 비틀즈의 노래를 자기 노래처럼 부르며 유명해진다.

영화가 끝나고 생각해 봤다. 내 인생에서 비틀즈가 완전히 사라진다면 어떨까? 답은 금방 나왔다. 아무런 변화도 없을 것이다. 비틀즈를 사랑한 적도 없고, 비틀즈 노래에 담긴 사연도 없다. 폴 메카트니 할아버지를 보려다가 못 본 게 나와 비틀즈의 유일한 연결 고리다.

나에겐 비틀즈의 음악보다 소중한 음악이 많다. 비틀즈보다 훨씬 사랑하는 로큰롤 스타가 많다. 그들이 사라진다면 내 삶의 많은 부분이 구멍날 것이다. 그들의 로큰롤과 함께하지 않은 '나'는, 지금의 '나'와는 완전히 다른 모습일 것이다. 아마 어떤 평행 세계에는 로큰롤을 모르는 내가 살고 있을 텐데, 어떤 모습일지….

행복하게 살고 있으면 좋겠다.

○

 원고를 써두고 한참을 내버려 두었다. '이게 책이 될 수 있을까', '나만 좋아하는 이야기를 쓰는 게 아닐까' 망설여졌다. 언젠가는 완성하겠다는 생각으로 하염없이 미뤄두었다.

 그러다가 빌어먹을 병에 걸렸다.

 내 삶이 영원하지 않다는 것을 깨닫고, 이 책을 하루 빨리 완성해야겠다고 생각했다. 써두었던 글들을 손보고, 몇몇 밴드에 관한 글을 추가로 적었다. 나에게는 비틀즈보다 수백 배는 더 소중한 로큰롤 스타들을 한데 모았다.

 그들이 내게 힘을 줬던 것처럼, 내 글도 그들에게 힘이 되면 좋겠다.

차례

프롤로그: 비틀즈의 음악보다 ⋯ 9

A-side

밝은 미친 세상: 서태지 ⋯ 18

크라잉넛과 노래 부른다면
한겨울에도 꽃이 필 거야: 크라잉넛 ⋯ 28

여러분의 다정한 친구: 슈퍼키드 ⋯ 36

반드시 크게 들을 것: 갤럭시 익스프레스 ⋯ 46

컨츄리 보이에게 서울이란: 문샤이너스 ⋯ 56

뜨거워진 우리 몸은 조금씩 갈라지고
: 국카스텐 ⋯ 68

국악도 락이다: 이날치 ⋯ 78

밴드 붐은 온다: 실리카겔 ⋯ 86

B-side

You can take my bucket list: 맥거핀 ··· 100

청춘을 노래하는 홍대 여신: 유다빈밴드 ··· 106

언젠간 헤드라이너: 잔나비 ··· 114

너의 목소리가 들려: 델리스파이스 ··· 122

달이 차오른다 가자: 장기하 ··· 128

내가 손을 잡을게 너는 힘을 빼도 돼
: 데이먼스이어 ··· 138

펑크록은 죽지 않는다
: 극동아시아타이거즈 ··· 146

에필로그: 록의 시대가 오고 있다 ··· 155

로큰롤,

그게 왜 그렇게 좋았나 몰라.

신중현 -

밝은 미친 세상
: 서태지

<싱 어게인>은 무명 가수들에게 무대를 선물한 프로그램이다. 실력은 있지만 기회가 없던 많은 가수들을 대중들에게 알렸다. 2024년 펜타포트 락페스티벌에서 <싱 어게인> 우승자 이승윤의 공연을 봤다. 첫 곡부터 그는 모든 관객을 사로잡았다. 이승윤의 화려한 무대 퍼포먼스에 감탄한 나는 옆에 있던 아내에게 말했다.

"역시 TV 나오는 사람은 다르네."

아내는 짧게 답했다.

"확실히 연예인은 다르네."

이승윤은 록을 사랑하는 사람이었다. 그는 공연

중간에 관객에게 이런 말을 건넸다.

"나 또 언제 올지 모르니, 말이나 좀 합시다. 밴드 붐이 오네마네 했잖아요. 저는 그걸로 안 끝났으면 좋겠어요. 혹시 음악 하시는 분이나 음악 하고 싶은 사람 있어요? '나는 미래의 록스타가 꿈이다!' 하시는 분 손 한 번 들어주세요."

언젠가 록스타가 되길 꿈꾸었던 나는 조용히 손을 들었다.

"이 중에서 대한민국 '음악계의 왕'이 좀 나왔으면 좋겠습니다."

관객들은 크게 환호했다. 환호가 조금 잠잠해지자, 이승윤은 말을 이어 갔다.

"여기서 우리끼리 아웅다웅 해봤자예요. 결국 방송국에 가면 밴드는 핸드싱크하는 현실입니다. 제대로 밴드 연주를 하려면 방송국에선 큰마음을 먹어야 해요. 꼭 록 음악을 하는 사람 중에서 대한민국

'음악계의 왕'이 좀 나왔으면 좋겠습니다. 밴드가 방송국에 가면 당연히 라이브를 할 수 있는 세상이 왔으면 좋겠습니다."

그날 나는 다짐했다.
'내가 로큰롤로 음악계의 왕이 되겠어.'

○

사실 대한민국에는 이미 한 차례 록을 하는 '음악계의 왕'이 등장한 적이 있다. 바로 '문화 대통령' 서태지다. MBC <특종 TV 연예>라는 프로그램에 작곡가, 작사가들이 신인 가수를 평가하는 코너가 있었다. 서태지와 아이들은 그 코너에 출연하여 <난 알아요>를 불렀다. 당시 심사위원들은 이 노래를 혹평했다. '멜로디 라인이 약하다.', '가사가 진부하다.', '춤이 너무 과격하다.' 등의 평가와 함께 서태지와 아이들은 최저점을 받았다.

하지만 다음 날, 세상은 '서태지와 아이들'에 열광했다. 청소년들은 모두 서태지와 아이들의 춤을 따라 했고, 서태지와 아이들의 복사 테이프까지 동이 날 지경에 이르렀다. 서태지와 아이들을 평가했던 심사위원들은 상당히 민망해졌다. 아마 한동안 고개를 들고 다니지 못했을 것이다.

서태지와 아이들은 청소년들의 우상이었다. 소년, 소녀들이 학교에 쌓인 분노을 대변해주었다. 그들의 노래 <Come back home>을 듣고 집에 돌아온 가출 청소년들도 많았다. 웹툰 <송곳>에서 구교신 소장이 했던 말이 떠오른다.

"사람들은 옳은 사람 말 안 들어.
 좋은 사람 말을 듣지."

서태지와 아이들은 청소년들에게 '좋은 사람'이었다.

서태지와 아이들은 1996년, 갑작스레 은퇴 선언을 한다. 박수칠 때 떠나는 그들의 모습에 모두가 놀랐다. 전국의 수많은 소년 소녀들은 눈물 흘렸다. 은퇴 후 멤버들은 각자의 길을 걸어갔다.

○

 2년 뒤, 5집 앨범으로 돌아온 서태지는 또 한 번 역사를 썼다. 서태지의 5집은 단 한 번의 방송 출연 없이 사전 판매만으로 100만 장이 팔렸다. 한국 대중음악사에 전례 없던 일이었다. 서태지는 5집을 통해 '록'이라는 장르를 대중에게 각인시켰다.

 2000년, 6집으로 복귀한 서태지는 또 한 번 음악계의 판도를 바꿨다. 서태지는 밴드의 생생한 라이브 무대를 방송에서 보여주고 싶었다. 그는 방송사에 사전 녹화 시스템을 요구하고 사비를 들여 녹화와 편집을 했다. 대한민국 음악 방송 최초 사전 녹화였다. 그 결과 <음악캠프>에서는 완벽한 밴드셋 무대가 탄생했다.

 <울트라매니아>를 불렀던 그 무대는 지금 봐도 놀랍다. 강렬한 밴드 사운드, 미친 듯이 노는 관객, 지금 봐도 세련된 무대. 그 위에서 목놓아 '울트라맨~~'을 외치는 서태지. 대한민국 음악 방송의 수준을 높인 결정적 순간이었다. 지금은 대부분 음악

방송에서 사전 녹화 방식을 도입했다. 문화 대통령이란 이름은 괜히 붙여진 게 아니다.

○

서태지는 나에게도 잊을 수 없는 첫 만남의 순간을 선사했다. 윈앰프를 아는가? 하얀 네모 위에 번개 모양 아이콘이 있던 오디오 프로그램의 전설. 곰오디오, 다음 팟 플레이어 이전에 윈앰프가 있었다. 소리바다를 아는가? 촌스럽기 그지없는 파란 배경에 소리의 파동이 물결치던 불법 음원 다운로드 프로그램. 대한민국이 저작권 무법지대였던 시절. 음반은 팬이나 사는 거고 노래는 당연히 공짜로 듣는 거란 생각이 만연했던 시절. 소리바다가 있었다.

유치원을 마치고 집에 와서 윈앰프를 켜고, 아빠가 소리바다에서 다운받은 <울트라맨이야>를 들었다. 그 곡은 내가 처음 들은 록 음악이었다. 강렬한 기타 리프에 난 빠져들었다. 'we are the youth youth youth'라는 가사를 정확히 듣지 못해서 들리는 대로 따라불렀다. '위 아더 주스, 주스, 주스'.

가사는 중요치 않았다. 나에게 <울트라맨이야>에서 중요한 건 '울트라맨'뿐이었다. 꽤 가늘었던 서태지의 보컬이 괴물 목소리로 급변하는 그 순간. 나는 바로 뒤 가사도 모른 채 포효했다.

    울트라맨~~ 어려빠라빠빠빠 (어렸을 적 내 꿈엔)
    울트라맨~~ 여기찌쩌빠빠빠 (여긴 진정 어떤 나라인지)
    울트라맨~~ 이제부터 찢어 난 (이제부터 진정 난)
    울트라맨~~ 슈퍼 초 울트라맨이야!!

○

최신판 히어로 벡터맨이 나오자 울트라맨에 관한 관심도 사라졌다. 매일 유치원에 가서 친구들과 대화하려면 울트라맨이 아닌 벡터맨을 봐야 했다. 확실히 최신 영웅이라 그런지 벡터맨은 울트라맨보다 훨씬 멋있었다. 그렇게 울트라맨과 멀어지고, 서태지와도 멀어졌다. 이후 서태지 7집 Live wire가 나왔지만 별 관심이 없었다. 그때 나에게 최고의 록밴드는 버즈였다.

나에게 다시 서태지가 나타난 건 2009년이었다. 당시 8집 앨범 곡인 <Moai>를 들었다. 신비로운 멜로디가 마음에 들었다.

8집을 낸 서태지는 평소와 달리 적극적으로 방송 출연을 했다. 예능 프로그램에 나오진 않았지만, 여러 인터뷰 프로그램에서 자신의 음악적 열정을 보여주었다. 서태지를 알면 알수록 그의 음악도 좋아졌다. 서태지와 관련된 영상을 모두 찾아보았고, 서태지의 7집, 6집, 5집을 듣고 또 들었다. 그리고 그를 대장이라 부르기 시작했다.

○

서태지는 새로운 음악적 시도를 멈추지 않았다. 그는 밴드 음악과 오케스트라를 결합하는 시도를 한다. <서태지 심포니>라는 이름으로 영국의 '로열 필하모닉'과 협연을 한 것이다. 연주를 잘하기로 정평이 닌 세션들을 드래곤볼처럼 모두 모은 서태지 밴드의 사운드에 오케스트라까지 결합하면 얼마나 환상적인 무대가 될지 궁금했다. 꼭 한 번 직접 보고 싶은 공연이었다. 하지만 난 어렸고, 공연이 펼쳐지는 서울은 내 고향 광주와 너무도 멀었다. 나는 그 풍성한 사운드를 휴대폰 DMB를 통해 최악의 음질로 즐길 수밖에 없었다. 당시 관객석에 앉아있는 이들이 너무도 부러웠다.

이제 서태지는 활동을 멈추고 가끔 소식을 전하는 것이 전부다. 밴드 붐이 일시적인 현상으로 끝나지 않으려면, 대한민국을 휘저어 놓을 서태지같은 로큰롤 스타가 나와야 한다. 서태지가 다시 돌아와 그런 역할을 해준다면 참 좋을 텐데. 단 한 번도 보지 못했던 서태지의 라이브를 다시 볼 기회가 생기면 정말 좋을 텐데.

그런 날이 올까?

#추천 플레이리스트

1. 울트라맨이야
2. 시대유감
3. Take Five
4. Heffy end
5. 인터넷 전쟁
6. Moai
7. F.M Business
8. Bermuda (Triangle)
9. Take One
10. Take Two

크라잉넛과 노래 부른다면
한겨울에도 꽃이 필 거야
: 크라잉넛

"너넨 도대체 뭐 하는 놈들이냐?"

전설적인 홍대의 라이브 클럽 <드럭>의 주인아저씨, 이석문 사장이 크라잉넛에게 던진 첫마디다. 그들은 호기롭게 대답한다.

"저희 록 하는데요?"

어이가 없어 웃었지만, 이석문 사장은 생각했다.

'저것들 봐라. 뭘 좀 아는 녀석들이네?'

며칠 뒤, 이 청년들은 <드럭>에 오디션을 보러 온다. 이제 손님이 아닌 밴드가 되고자 한다. 드럭 아저씨는 그들은 바라본다. 이상하다. 한 놈은 드럼 앞에 앉고, 나머지 세 놈은 모두 기타를 메고 있다. 보컬이 누구냐고 물으니 없단다. 드럭 아저씨는 다시 한번 그들에게 말한다.

"너네 이렇게 오디션을 보겠다고 온거냐?"

그들은 황당한 대답을 내놓는다.

"오디션 잘 해야 하는 거예요?"

드럭 아저씨는 호기로운 청년들을 바라보며 생각한다.

'이 자식들이 펑크록을 제대로 이해하고 있구나.'

말도 안 되는 공연을 한 그들에게 드럭 아저씨는 말했다.

"합격."

그날이 전설의 시작이었다.

○

근본 없는 밴드의 등장에 평론가들과 마니아들은 한두 마디씩 끼어들었다. 너희가 펑크야? 펑크는 이러면 안 돼. 너희는 가짜야. 영국 펑크 좀 더 듣고 공부해! 크라잉넛은 펑크록 밴드답게 음악으로 대답했다.

닥쳐!

<말 달리자>를 통해 크라잉넛은 조금씩 사람들에게 알려진다. '말 달리자'를 외치는 사람들이 점점 늘어났다. 하지만 한계가 있었다. <말 달리자>는 집에서 들을 수 없었다. 거리에서 들을 수 없었다. 라디오에서 들을 수 없었다. 오직 홍대 공연장에서만 들을 수 있었다. 음원이 없었기 때문이다. 이를 안타깝게 생각한 드럭 아저씨는 결심한다.
　'이 녀석들의 앨범을 내줘야겠다.'

　그는 전세금을 탈탈 털었다. 크라잉넛과 옐로우 키친이 참여한 전설의 앨범 《Our nation》은 드럭 아저씨의 피 같은 돈으로 세상에 나왔다. 그날 이후 집에서도, 거리에서도, 라디오에서도, <말 달리자>를 들을 수 있었다.

　나는 드라마에서 처음 <말 달리자>를 들었다. 드라마 주인공들은 '말 달리자'를 부르며 스트레스를 풀었다. 그들은 목이 터져라 '말 달리자'를 외쳤다. 별 신기한 노래가 다 있다고 생각하며 인터넷에 <말 달리자>를 검색했다. 크라잉넛의 영상이 나왔다. 영상 속 크라잉넛은 점프하고, 서로 부딪히고, 기타를 던지고, 드럼 위로 다이빙했다. 미친 사람 같기도 했고, 사람이 아니라 짐승 같기도 했다. 노래가 끝나고도 여운이 남았다. 귓 속에 가사가 계속 맴돌았다.

노래하면 잊혀지나, 사랑하면 사랑받나
돈 많으면 성공하나, 차 있으면 빨리 가지 닥쳐!

○

노래하면 잊혀지나. 크라잉넛은 서서히 잊혀졌다. 그들을 잊고 살던 초등학교 6학년 때, 담임 선생님께서는 크라잉넛의 <룩셈부르크>를 들려주셨다.

룩~룩~ 룩셈부르크

혀를 한껏 굴리는 외침으로 시작되는 이 곡은 음악적 가치만큼 교육적 가치도 훌륭했다. 6학년 학생들이 스스로 세계지도를 펼치게 했다. 노래를 듣다 보면 각 나라의 중요한 특징들이 저절로 머릿 속에 들어왔다.

석유가 넘쳐나는 사우디
이거 사람이 너무 많은 차이나
월드컵 2연패 브라질
전쟁을 많이 하는 아메리카

하루종일 레게 하네 자메이카
하루 왠종일 해 떠 있는 스웨덴
신혼여행 많이 가는 몰디브 섬
이제 곧 하나가 될 코리아.

세계 문화 말고도 배울 점이 많았다. '연패(連霸)' 와 '연패(連敗)'를 구분할 수 있는 언어적 소양. 레게 음악을 즐길 수 있는 음악적 소양. 하루 왠종일 해 떠 있다는 말을 의심하고 네이버 지식인을 통해 팩 드 체크하는 과학적 소양까지. <룩셈부르크>는 통합적 인재를 길러주는 노래였다.

○

선생님께서 틀어주신 <룩셈부르크>를 들은 아이는 크라잉넛의 팬이 된다. 왠지 모르게 반항하고 싶던 사춘기 시절. 미처 반항할 용기는 없던 소년은 방에서 이어폰을 끼고 크라잉넛 노래를 들었다. '닥쳐!'로 시작한 귀여운 반항은 '개새끼! 소새끼! 말새끼!'까지 발전했고, 마침내 <다 죽자>고 외치기까지에 이른다.

방구석에서 괴상한 노래나 듣던 중2병 말기 소년은 커서 도대체 뭐가 되었을까?

믿기 어렵겠지만, 무럭무럭 자라서 선생님이 되었다. 스승의 가르침을 이어받아서 아이들에게 <룩셈부르크>를 들려준다. 욕설을 내뱉는 아이들에겐 아름다운 시를 외우는 벌을 준다. 열심히 시를 외우는 아이들을 바라보며 어릴 적 내 모습을 떠올려본다. 아무리 생각해봐도 내 앞에 있는 아이들이 내 어릴 적 보단 훨씬 낫다.

<운 좋게도> 사랑하는 사람을 만나 결혼했고, 신혼여행으로 몰디브 섬을 갔다. '코리아'가 '이제 곧 하나가 될' 것이린 말은 더 이상 믿지 않지만, 언젠가 하나가 되길 바란다. 평소엔 말이 없지만, 그들

앞에선 목이 터져라 노래한다. 욕설이 섞인 가사를 따라 부르기도 한다. 가끔 이렇게 선생의 도리를 저버리며 나는 행복을 느낀다. 크라잉넛과 함께 자란 나는 이런 사람이 되었다.

2025년, 크라잉넛은 30주년을 맞이했다. 방구석에서 그들의 노래를 듣던 소년도 어느새 30대가 되었다. 30년이란 세월이 무색할 정도로 크라잉넛은 에너지가 넘친다. 여전히 술 마시고 춤을 추고 노래하며 사람들을 즐겁게 해준다. 펑크록의 살아있는 전설. 그들이 단단히 버티고 있기에 우리나라 로큰롤의 미래는 밝다.

언젠가 세계적인 펑크록 스타 그린데이가 한국을 방문한다면 이렇게 말하지 않을까?
"여기가 크라잉넛의 나리입니까?"

오늘 밤은 아주 특별한 밤
여러분과 함께 하는 밤
크라잉넛과 노래부른다면
한 겨울에도 꽃이 필거야

#추천 플레이리스트

1. 말 달리자
2. 룩셈부르크
3. 다 죽자
4. 명동콜링
5. 운 좋게도
6. 밤이 깊었네
7. 좋지 아니한가
8. 서커스 매직 유랑단
9. 순이 우주로
10. 뜨거운 안녕

여러분의 다정한 친구들
: 슈퍼키드

　TV 속 그들은 슈퍼맨 티셔츠를 입고 있었다. 보컬, 기타, 베이스, 드럼 모두가 슈퍼맨 티셔츠를 입고 있었다. 히어로처럼 보이진 않았다. 슈퍼맨을 동경하는 어린아이 같았다. 슈퍼맨 영화를 본 후, '슈퍼맨이 되겠노라!' 결심한 소년. 엄마에게 슈퍼맨 옷을 사달라 조르고, 바지 위에 빨간 팬티를 입어보고, 엄마의 보자기를 등에 메고, 주먹을 하늘로 뻗으며, 침대에서 점프해보는 소년. 그런 소년 5명이 모인 밴드. 내가 처음 본 슈퍼키드의 모습이었다. MBC 오디션 프로그램 <쇼바이벌>에서 였다.

　슈퍼키드는 다소 그들과 어울리지 않는 곡, SG워

너비의 <살다가>를 준비했다. SG워너비는 당시 최고 인기 가수였고, <살다가>는 SG워너비의 손꼽히는 명곡이었다. 슈퍼맨 티셔츠를 입고 부르는 <살다가>는 어떤 모습일지 궁금했다. 숙제하러 방에 들어가려다가 이 무대만 보고 들어가기로 마음을 바꿨다. 잠시 후 슈퍼키드의 공연이 시작되었다. 꽃미남 보컬 '파자마징고'의 허스키한 보이스. 개구쟁이 보컬 '허첵'의 하이톤 목소리. 쿵짝 쿵짝 뽕짝 리듬. 세 가지 소리가 이상하게 어울렸다.

무대도 너무 재밌었다. 슬픔을 유쾌하게 이겨내는 그들의 모습이 좋았다. 그날 이후, SG워너비의 <살다가>보다 슈퍼키드의 <살다가>를 훨씬 더 많이 들었다. 슈퍼키드는 여러 명곡을 그들만의 느낌으로 재해석했다. 싸이 <연예인> + 이상은 <담다디>, 노래를 찾는 사람들 <사계>+김광석 <일어나>. 어떤 곡이든 그들이 매만지면 재기발랄하고 유쾌한 곡으로 재탄생했다. 엄마는 슈퍼키드 무대를 보면서 한마디 했다.

"쟤들은 늘 노래를 요상하게 부르더라. 그런데 신나기는 해."

매주 토요일이면 TV 앞에 엄마와 앉아 슈퍼키드를 기다렸다. 하지만 얼마 지나지 않아 <쇼바이벌>은 시청률 부진으로 사라졌다. 그 자리는 <공부의 제왕>이 차지했다. TV 앞에서 슈퍼키드를 기다리던 그 시간은 책상 위에서 숙제하는 시간으로 바뀌었다.

<쇼바이벌>은 사라졌어도 슈퍼키드는 사라지지 않았다. 슈퍼키드는 그들 노래처럼 <Rock star>가 되었다.

홍대 라이브 클럽은 슈퍼키드를 섭외하려 애썼다. <잘 살고 볼 일입니다>라는 명곡이 담긴 싱글 앨범도 발표했다. 모든 밴드의 꿈인 단독 콘서트도 했다. 계속 좋은 노래를 만들며 꾸준히 음악 활동을 이어나갔다. 홍대에서 머나먼 광주에서 나도 그들을 응원했다. 언젠가 그들의 무대를 직접 볼 날을 꿈꾸며, MP3로 슈퍼키드의 노래를 들었다.

○

　우리 가족은 여행을 가는 차 안에서 항상 노래를 들었다. 블루투스가 되지 않던 시절, MP3에 AUX 선을 연결해서 들었다. 하루는 누나의 MP3, 하루는 내 MP3. 또는 가는 길은 누나 노래, 오는 길은 내 노래를 들으며 갔다. 아빠와 엄마는 그 노래를 들으며 요즘 우리가 즐기는 노래를 파악했다. 누나와 나는 플레이리스트 중간중간 아빠와 엄마가 좋아할 만한 노래를 슬쩍 끼워 넣었다. 표현에 서툰 우리 가족이 서로를 배려하는 하나의 리추얼이었다.

　그날도 여행 가는 길이었다. 차에서 내 MP3로 노래를 듣고 있었다. 그때 슈퍼키드의 <어쩌라고>가 나왔다. 황급히 노래를 바꾸고 싶었다. 하지만 슈퍼키드는 이미 충격적인 가사를 쏟아내는 중이었고, 내 MP3는 앞자리에 앉은 누나 손에 있었다. 누나는 말했다.

　"엄마, 아빠 이거 들어봐. 비오, 요즘 이런 노래 들어."

어쩌라고, X발 X도

어쩌라고, X발 X도

어쩌라고, X발 X도

어쩌라고, X발 X도, X도 X미.

내 얼굴은 조금씩 붉어졌다. 그때 엄마, 아빠가 말했다.

"뭐라고 하는지 잘 안 들린다. 뭐라는 거냐?"

누나는 확인 사살을 했다.

"이거 욕이야. 우리가 아는 욕."

엄마 아빠는 드디어 깨달았다. 정말 민망하게도 이 노래는 40초 동안 저 가사만 나온다. 저 부분을 총 네 번 반복한다. 즉, '어쩌라고, X발 X도'는 4×4=16. 총 16번 나온다. 40초가 영원 같았다. 내가 왜 이 노래를 미리 삭제하지 않았을까 후회했다.

아빠는 말했다.

"노래가 욕 밖에 없다잉."

엄마는 말했다.

"요즘 젊은이들은 이런 노래를 듣는 갑다잉."

누나는 다시 한번 확인 사살했다.

"요즘 애들이 듣는 거 아니야. 이런 건 애만 들어."
나는 구차하게 변명했다.
"사운드가 좋아서 듣는 거야."

○

사실 욕 때문에 들었다. 시작부터 욕을 쏟아내는 이 노래가 좋았다. 방송에 나오는 노래는 정말 빙산의 일각이구나. 수면 아래엔 더 큰 세상이 숨어있구나. 그 세상에선 자유롭게 욕도 쏟아낼 수 있구나. 중2병 소년은 방구석에서 완전한 표현의 자유를 느꼈다.

어른이 되어 듣는 <어쩌라고>는 느낌이 다르다. <어쩌라고>는 단순히 욕설이 가득한 엽기적인 노래가 아니었다. 슬픔과 분노가 공존하는 이별의 상황. 그 감정을 표현할 언어를 찾지 못해 결국 내뱉는 청춘의 단어.

X발 X도.
거칠고도 아름다운 단이다.

우리 사이 이제 이별인 거니
항상 우린 영원하자 약속하자 했던
너와 내가 가지고 있던 아름다운 추억
그중에 반만 가져가니 반은 남겨두니
마치 물건처럼 같이 지난날들 가져가서
반을 잊지, 나도 반을 잊지
그럴 수 있다면 그게 가능하다면 떠나가
<어쩌라고>

슈퍼키드는 이별 노래 장인이다. 이별을 인정할 수 없는 남자는 말한다. <그리 쉽게 이별을 말하지 말아요>.

**그리 쉽게 이별을 말하지 말아요
진심이 아니란걸 눈을 보면 아는데**

결국 헤어지고 난 남자는 애써 괜찮은 척하며 말한다. <그럭저럭> 괜찮아.

너 없이 죽을 정돈 아니지만 솔직히 요즘 좀 망가져 있어 난 그럭저럭 괜찮아

한참 뒤, 남자는 그녀의 <청첩장>을 받는다. 그는 구차하지만 솔직한 감정을 토로한다.

너보다 훨씬 더 잘 살고 싶었어
그래야 내 맘이 편해
너를 편히 보내 줄 수 있을 것 같애

○

모든 것은 변해간다. 불교의 첫 번째 가르침이다. 슈퍼키드도 변해갔다. 성숙해지고, 겸손해졌다. 그들은 이제 더 이상 스스로를 <Rock star>라고 부르지 않는다. '나는 Rock star가 아니라'고 고백한다. 20대의 슈퍼키드는 그 순간 그들이 할 수 있는 최선의 음악을 했다. 지금 슈퍼키드는 이 순간 슈퍼키드에 가장 잘 어울리는 음악을 한다. 그래도 변하지 않은 게 하나 있다. 슈퍼키드는 예나 지금이나 다정한 우리들의 친구다.

슈퍼키드 공연은 딱 한 번 봤다. 이먼 페스티벌에 서였다. 기대만큼 재밌었다. 앞으로 자주 볼 수 있을 줄 알았다. 하지만 내가 군대를 전역하고 다시 세상에 나온 2020년 이후 슈퍼키드를 만나기는 어려웠다. 슈퍼키드의 멤버들은 잠시 흩어져서 각자의 음악을 하고 있었다. 그리고 2025년.

슈퍼키드가 돌아왔다! 슈퍼키드는 핸드볼H리그 공식응원가 <Roar! Roar! Roar!>를 발표했다. 여전히 재기발랄한 그들의 목소리를 들을 수 있어서 행복했다. 슈퍼키드가 록스타든 록스타가 아니든 상관없다. 무대에 함께 선 그들의 모습을 다시 보고 싶다. 딱 한 번만이라도.

나를 락스타로 보지마오
나는 나쁜 남자도 아니구요
락도 좋아하지만 락보다
그저 음악을 더 좋아할 뿐이라오
<I'm not a rock star>

원고를 쓰고 얼마 뒤, 슈퍼키드가 2025 경기인디뮤직페스티벌에 참여한다는 소식을 들었다. 오예!!

#추천 플레이리스트

1. Rock star
2. 어쩌라고
3. 그리 쉽게 이별을 말하지 말아요
4. 잘 살고 볼 일입니다.
5. 집에 가자
6. Music show
7. Life
8. 바라던 바다
9. 청첩장
10. I'm not a rock star

반드시 크게 들을 것
: 갤럭시 익스프레스

우주로 가는 급행열차가 나타났다. 그 이름은 바로 '갤럭시 익스프레스'. 그들은 로큰롤을 통해 온 우주에 메시지를 보낸다. 갤럭시 익스프레스는 어느 인터뷰에서 그 뜻을 직접 밝힌 적이 있다.

"갤럭시 익스프레스는 우주를 고속으로 항해한다는 뜻입니다. 우리기 우주를 헤집어 놓겠다는 격한 뜻은 아닙니다. 음악을 만드는 우리도, 음악을 듣는 사람들도 모두 자기만의 우주를 가지고 있습니다. 우리 음악이 각자의 우주 안에서 유영하길 바랍니다."

우주가 너무 멀어서였을까? 갤럭시 익스프레스

의 음악은 시끄럽다. 강렬하다. 거칠다. 세상에 처음 나온 아이의 울음처럼 원초적이고 폭발적이다. 그들의 첫 앨범명이자 오프닝 곡 <Noise on fire>만 들어봐도 결코 유영과는 어울리지 않다. 그들이 유영의 뜻을 착각하고 있는 건 아닐까 하는 생각도 든다.

다 끼져버려(다 꺼져버려)
모두 죽어버려(모두 죽어버려)
오늘 밤 모든 게 끝날 테니까
<Bye Bye Planet>

로큰롤 스타라기엔 조금 앳되지만, 미소년이라기엔 눈이 퀭한 기타 박종현. 정통 록밴드의 포스를 온몸으로 풍기지만, 선글라스만 벗으면 순박한 시골 청년으로 변신하는 베이스 이주현. 드럼을 치지 않았다면 사람을 쳤을 것이라고 자백하는 드럼 김희권. 이 세 사람은 인천 부평 모텔촌에 있는 라이브 클럽 '루비살롱'을 본거지로 삼는다. 루비살롱은 몰락한 라이브 클럽이었다. 몰락이라는 말도 과하다. 애초에 부흥한 적이 없었다. 관객이라곤 공연을 대기 중인 밴드들 뿐이었다. 이런 척박한 곳에서도 갤럭시 익스프레스는 엄청난 에너지를 쏟아냈다. 그들의 라이브는 조금씩 로큰롤 마니아들의 입소문을 타게 된다.

○

내가 고등학생 때 크라잉넛, 갤럭시 익스프레스, 옐로우 몬스터즈. 세 밴드가 '다이너마이트 투어'라는 타이틀로 전국 투어를 했다. 감사하게도 그들은 내 고향 광주를 버리지 않았다. 어마어마한 밴드가 하나도 둘도 아닌 셋씩이나 온다니. 이건 반드시 가야 했다. 함께 갈 동지를 찾아 나섰다. 친구들이 그나마 알만한 크라잉넛을 미끼로 던졌다.

맹: 크라잉넛 보러 갈 사람?
친구1: 말 달리자 크라잉넛?
친구2: 룩셈부르크도 있잖아. 같이 갈까?
맹: 그럼 집에 가서 예매해. 2만 원이야.
친구1: 뭐? 돈 내는 거였어? 2만 원이나? 그럼 안 가지.
친구2: 돈 내야 되면 안 가지.
맹: 야! 크라잉넛만 오는 게 아니라 옐로우 몬스터즈,

갤럭시 익스프레스도 오는 거야. 너 크라잉넛 단독 공연 티켓이 얼마인 줄 알아? 5만 원이야. 5만 원. 이건 완전 공짜인 거라니까?

   친구1: 옐로우 몬스터즈, 갤럭시 익스프레스?
   친구2: 걔들은 누구야. 아무튼 안가!

   결국 나홀로 '다이너마이트 투어'를 떠났다. 광주의 자랑스러운 라이브 클럽 '네버 마인드'에서 갤럭시 익스프레스를 처음 만났다.

   갤럭시 익스프레스는 등장하자마자 말 한마디 없이 연주를 시작했다. 쉴 새 없이 세 곡을 연달아 몰아쳤다. '이게 말로만 듣던 탈진 로큰롤이구나'. 그들은 가만히 서있기도 아슬아슬한 좁은 무대를 이리저리 뛰어다녔다. 목마를 타고 기타를 연주하고, 드럼 위로 다이빙했다. 퍼포먼스만큼이나 사운드도 좋았다. 혼이 담긴 기타와 베이스 소리는 귀에 그대로 때려 박혔다. 그 굉음을 뚫고 터져 나오는 그들의 목소리도 로큰롤 그 자체였다. 그 순간 혼자 왔다는 부끄러움은 사라졌다. 나도 그들과 함께 포효했다.

난 감동을 원해! 진짜 너를 원해!
난 진실을 원해! 진짜 너를 원해!
<진짜 너를 원해>

그날 함께 공연한 크라잉넛의 한경록은 '다이너마이트 투어 출사의 변'에서 이렇게 말했다.

"이 공연을 통해 청춘들에게 살아있음을 느끼게 해주고 싶습니다. 인생은 살만한 가치가 있다는 걸 보여주고 싶습니다."

공연이 끝나고 온몸은 땀으로 흠뻑 젖어 있었다. 집에 가는 버스에서 고등학교 2학년 소년은 생각했다.
'인생은 살만한 가치가 있구나….'

○

갤럭시 익스프레스는 단지 강렬함만 가진 밴드가 아니다. 이들은 가끔 부드럽고 따뜻한 음악도 들려준다. 2025년 5월, 누구보다 건강하다고 생각했던 내 몸이 빌어먹을 병에 걸렸다. 내 삶이 이대로 끝나는 게 아닐까 불안에 떨고 있을 때, 갤럭시 익스프레스는 나에게 노래해줬다.

> 내가 여기 있다고 나는 살아있다고
> 지금 이 순간을 느끼고 있다고
> 설명할 수 없는 이 순간을 위해
> <순간을 위해>

> 언제나 지나고 나면
> 좋았을 테니까
> 다 괜찮을 거야

> 이 순간마저도
> 때론 그리울 거야
> 항상 그랬었잖아
> <지나고 나면 언제나 좋았어>

태어나 처음으로 노래를 듣고 눈물을 흘렸다. 그때 그 순간 나에게 가장 필요한 노래였다. 덕분에 나는 여전히 살아있고, 이 순간을 느끼고 있다. 이 비극의 순간마저도 지나고 나면 웃으며 이야기할 수 있는 추억이 될 것이라 믿는다.

○

 입소문을 탄 갤럭시 익스프레스는 점점 더 큰 무대로 뻗어나갔다. 처음에는 펜타포트 락페스티벌의 서브 무대에 섰지만, 얼마 지나지 않아 메인무대를 장악했다. 2009년에는 한국대중음악상 최우수 록 음악상을 수상하며 음악적 성과도 인정받았다. 한국을 대표하는 로큰롤 스타가 된 그들은 마침내 KBS까지 진출했다. <뮤직뱅크> 최초로 MR 없이 100% 라이브 공연을 하는 밴드가 되었다. 역사적인 그 순간을 함께하고 싶었지만, 나는 야간자율학습을 해야 했다. 갤럭시 익스프레스 생각에 공부에 집중할 수 없었다. 학교가 끝나자마자 집에 가서 컴퓨터를 켜고 <뮤직뱅크> 다시보기를 봤다. MC들은 갤럭시 익스프레스를 이렇게 소개했다.
 "이미 인디밴드계에서는 실력으로 정평이 난 밴드죠. 갤럭시 S의 무대입니다."

 아이폰이 한국에 이제 막 퍼져나가고, 갤럭시 S

는 세상에 나온 지 고작 3개월도 되지 않았을 때. 대부분 사람들 손에는 여전히 폴더폰이 쥐어져 있었던 그 시절. 갤럭시 익스프레스는 의문의 얼리어답터가 되었다. 이게 대한민국 로큰롤 스타의 현실이었다.

기분이 몹시 상한 갤럭시 익스프레스는 미국 진출을 결심한다. 그 여정은 <받시 크게 들을 것2>라는 영화에서 볼 수 있다. 미국 진출이라고 해서 엄청난 무대에 서는 줄 알았더니 그게 아니었다. 관객이 두 명 있는 무대. 자동차 차고. 아무도 공연에는 관심이 없고 로데오만 즐기고 있는 곳. 갤럭시 익스프레스는 기타, 베이스, 드럼만 있다면 어디든 가리지 않았다. 텅빈 무대에서도 강렬한 에너지를 내뿜었다. 조금씩 그들을 알아가는 사람들이 생겼다. 물론 굉장히 소수였지만…. 로큰롤 스타는 이런 사사로운 일에 좌절하지 않는다.

○

2025년, 펜타포트 락 페스티벌에서 다시 한번 갤럭시 익스프레스를 만났다. 여전히 그들은 뜨겁고

강렬했다. 무대를 장악하는 그들의 모습을 보니 전율이 느껴졌다. 자연스레 슬램 존이 만들어졌고, 사람들은 미친 듯이 뛰어놀았다. 나도 그들의 노래를 목이 터져라 따라 불렀다.

잠깐만 방심하면 록밴드들이 소리없이 사라지는 록의 불모지 대한민국. 이곳에서 여전히 그 자리를 지켜주고 있는 갤럭시 익스프레스를 보면

정말

신비하고
놀랍고
고맙다.

#추천 플레이리스트

1. 진짜 너를 원해
2. Jungle the black
3. 지나고 나면 언제나 좋았어
4. Bye Bye planet
5. 순간을 위해
6. 언제까지나
7. 호롱불
8. 홀로 이렇게
9. Oh yeah!
10. 무지개

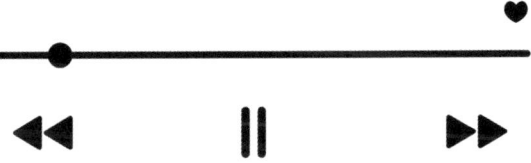

컨츄리 보이에게 서울이란
: 문샤이너스

 내가 초등학생 때, 누나는 가끔 뮤지컬을 보러 서울에 갔다. 학교가 끝나고 집에 오자, 서울 갔던 누나가 돌아왔다. 누나는 베란다를 가리키며 말했다.

 "저기 도넛 있어. 먹어."

 베란다에 있던 도넛은 찹쌀 도넛도 던킨 도넛도 아니었다. 하얀 상자를 열어보니 소금같은 껍데기로 덮인 도넛이 나왔다. 도넛을 집어 들자 엄지와 검지가 끈적해졌다. 크게 한 입 베어 물었다. 바삭한 식감과 동시에 온 혀에 달콤함이 퍼졌다. 태어나 먹은 음식 중 가장 맛있었다. 놀란 눈으로 누나를 쳐다봤다.

누나는 말했다.

"그거 서울에만 있는 도넛이야. 크리스피 크림 도넛."

그날 이후, 누나가 서울에 갈 때마다 나는 누나를 기다렸다. 돌아오는 누나 손엔 언제나 하얀 상자가 있었다.

나에게 서울이란 크리스피 크림 도넛이었다.

○

내 고향 광주는 스스로를 문화도시라 불렀다. 하지만 가끔 열리는 비엔날레 전시 이외엔 문화랄 게 전혀 없었다. 누나가 좋아하는 뮤지컬도, 내가 좋아하는 로큰롤 밴드도 볼 수 없었다. 나는 컴퓨터 모니터 속에서만 로큰롤 밴드를 만났다. 네모난 화면 속 로큰롤 스타들을 보며 다짐했다.

'내 언젠가 꼭 한양으로 가리라.'

어느 날 광주에서 '광주 인디뮤직 페스티벌'이

열린다는 소식을 들었다. 라인업을 보니 굉장했다. 내가 동경하는 밴드. 홍대에서 날리는 밴드. 즉, 서울 밴드가 줄줄이 있었다. 9와 숫자들, 비둘기 우유, 한희정 밴드, 옐로우 몬스터즈, 문샤이너스. 이들을 한 곳에서 볼 수 있다니. 종합 선물 세트가 따로 없었다. 이제부터 광주를 문화도시로 인정해주기로 했다. 함께 갈 동지를 찾았지만, 역시나 실패했다. 결국 나홀로 '광주 인디뮤직 페스티벌'이 열리는 광주의 자랑스러운 라이브 클럽 '네버마인드'로 향했다.

외롭지만, 괜찮았다.
오늘은 서울 밴드를 보는 날이니까.

무대를 연 건 자랑스러운 광주 밴드였다. '팡팡 밴드 난반댈세'와 '베티애스'라는 밴드였다. 거의 20년을 광주에서 살았지만, 광주 밴드의 존재는 모르고 있었다. 무대는 자세히 기억이 나질 않지만, 또렷하게 기억나는 순간이 있다. 베티에스는 강력한 헤비메탈 음악을 들려준 뒤 자랑스럽게 말했다.

"여러분!! 저희 베티에스가 이번에 서울에서 공연하게 되었습니다!"

광주 밴드의 서울 진출은 BTS의 빌보드 차트 1위만큼이나 감격스러운 일이었다.

또다른 광주 밴드 '팡팡밴드 난반댈세'에서 드럼을 연주하던 '김종익'은 색다른 방법으로 서울에 진출한다. 그는 드럼 스틱이 아닌 분필을 들고, 록스타가 아닌 스타강사가 되었다. 그것도 록스타와 가장 안 어울리는 윤리 과목 1타 강사가 되었다. 그는 지금도 가끔 수험생들을 격려하기 위해 드럼 스틱을 잡는다. 인생사 한 치 앞을 모른다.

광주 밴드의 공연이 끝나고 기다리던 서울 밴드의 공연이 시작되었다. 서울 밴드를 넘어선 서울대 밴드 '9와 숫자들'. 지금 내가 꿈 속인지 현실인지 헷갈리게 만들었던 '비둘기 우유'. 에너지 넘치는 무대를 보여줬던 '옐로우 몬스터즈'. 홍대 여신 그 자체였던 '한희정'. 그들을 보며 생각했다.

'역시 서울 밴드는 다르구나.'

○

 뮤직 페스티벌에서 마지막 무대를 서는 사람을 헤드라이너라고 부른다. 헤드라이너 무대는 늘 가장 임팩트 있는 밴드가 선다. 밴드를 줄 세우는 것이 로큰롤 정신은 아니겠지만, 헤드라이너는 헤드라이너다운 밴드가 서야 뒷말이 없다. 그날의 헤드라이너는 바로 '문샤이너스'였다. 그들은 '누가 봐도' 헤드라이너다운 밴드였다.

 문샤이너스의 명성은 이미 자자했다. 한국 대중음악 100대 명반 중 26위를 차지한 노브레인 1집 《청년폭도맹진가》. 당시 노브레인의 기타리스트이자 프론트맨이었던 차승우는 이 앨범의 대부분 곡을 작곡했다. 음악적 견해 차이와 이런저런 문제로 차승우는 노브레인을 탈퇴했다. 그리고 문샤이너스로 다시 태어나 본인만의 스타일을 마음껏 펼쳤다. 그는 첫 앨범 <모험광 백서>에 무려 30곡을 담았다. 꾸역꾸역 30곡을 모두 듣고 나는 생각했다.

 '그리 대단한 음악은 아닌걸?'

문샤이너스가 무대에 올라오자마자 내가 경솔했다는 걸 깨달았다. 트레이드 마크인 하얀 요리사 재킷을 입은 그들은 시작부터 관객을 압도했다.

**세상은 그리 만만치 않다고
그댄 내게 얘기하지**

**그대가 말하는 세상엔 애당초
난 흥미가 없어요**

**언젠가는 알게 될걸
내가 틀림이 없다는 걸**

**어느샌가 알게 될걸
내가 번쩍번쩍할 거란 걸**
<모험광백서>

차승우. 그는 소문대로 기타의 신이었다. 곡의 스타일에 맞게 기타를 자유자재로 연주하며 관객을 흥분시켰다. 다른 멤버들도 만만치 않았다. 베이스 최창우는 삐걱거리는 몸짓과 달리, 전혀 흔들림 없는

리듬을 연주했다. 드럼 손경호는 드럼의 교과서라 불려도 좋을 만큼 정직한 궤적으로 드럼을 쳤다. 알고 보니 베이스 최창우와 드럼 손경호는 버클리 음대 출신이었다. 역시 헤드라이너는 아무나 하는 게 아니다. 헤드라이너다운 밴드가 하는 거다.

그들은 공연 중간에 맥주를 마시고, 담배도 태웠다. 고등학생 소년은 그들의 모든 행동이 멋져 보였다. 담배와 맥주가 로큰롤 밴드의 필수 덕목으로 느껴졌다. 훗날 어른이 된 내가 잠시 담배에 손을 댄 건, 어느 정도 문샤이너스의 책임이 있다. 내가 지금까지 맥주를 사랑하는 것도 아주 조금은 문샤이너스의 책임이 있다.

문샤이너스는 누나가 처음 사 온 크리스피 크림 도넛만큼이나 나에게 큰 감동이었다.

그날 이후,
나에게 서울이란 문샤이너스 였다.

○

 돌이켜보면 서울에서 태어나지 않은 게 참 감사하다. 덕분에 서울 사람이라면 느끼지 못할 감정을 많이 느꼈다. 충장로에 아웃백 스테이크 하우스가 생긴다는 소식을 듣고 느꼈던 설렘. 패밀리랜드(광주에선 주로 훼미리랜드라고 부른다)와 롯데월드의 규모 차이에서 느낀 충격. 서울에 놀러 갔다 와서 '서울은 차가 엄청나게 막혀', '서울은 지하철이 엄청 복잡해', '서울에선 한 시간 거리면 가까운 거야', '서울에선 이제 노스페이스 인기 끝났어.', '너가 서울을 잘 모르나 본데', '서울은 절대로 그렇지 않아.' 등의 무용담을 펼치던 컨츄리 보이, 컨츄리 걸, 그리고 컨츄리 꼬꼬들. 그들의 이야기를 들으며 느꼈던 부러움. 이는 서울에서 태어나, 서울의 모든 것을 당연하게 누리고 자란 서울 토박이들은 결코 느낄 수 없는 컨츄리 출신만의 감정이다.

 몇 년 뒤, 서울에서 자취하게 되며 한양에 가겠다던 소년의 꿈은 이뤄졌다. 꿈에 그리던 서울에 왔지만 기쁨은 오래가지 않았다. 이제 크리스피 크림 도넛은 광주에도 많았다. 그때부터 더 이상 누나가 서울에서 사다 준 그 도넛 맛이 나지 않았다. 문샤이너스는 내가 서울에 살 때 활동을 멈췄다. 앨범을 준비하고 있는지, 해체한 것인지 알 수도 없었다. 서울에 오니 꿈에 그리던 무지개는 이미 사라졌다.

크리스피 크림 도넛을 처음 먹어 봤을 때 느꼈던 맛. 문샤이너스 공연을 처음 보았을 때 느꼈던 멋을 다시 느끼고 싶었다. 서울 이곳저곳을 돌아다녔다. 맛있는 것도 먹고, 여러 밴드의 공연도 보고, 연극도 보고, 공원도 가고, 최선을 다해 즐거움을 찾아다녔다. 그리고 결론 내렸다.

'서울 별거 없구나.'

행복은 결핍이 있을 때 더 크다는 것을 깨달았다. 태어날 때부터 모든 걸 풍족하게 누리는 사람들이 이젠 전혀 부럽지 않다.

살면서 가장 맛있었던 음식은 변함없이 누나가 사준 크리스피 크림 도넛이다. 살면서 본 최고의 공연은 광주 네버마인드에서 보았던 문샤이너스의 무대이다.

    그래서 여전히
    나에게 서울이란

    '크리스피 크림 도넛'이사
    '문샤이너스' 다.

#추천 플레이리스트

1. Lonely Lonely
2. 모험광 백서
3. 푸른 밤의 Beat!
4. 기분이 좋아
5. Bye Bye Bye
6. Woo-Hoo-Hoo
7. 검은 바다가 부른다
8. 나는 아직 미치지 않았다.
9. 나보다 어리석은 놈, 그 아무도 없구나
10. Yeah Yeah Yeah Yeah

뜨거워진 우리 몸은 조금씩 갈라지고
: 국카스텐

스틸하트의 <she's gone>. 이 노래는 고음 좀 한다는 사람들에게 필수 코스였다. 노래방에서 누군가 <she's gone>을 예약하면 긴장감이 맴돌았다. 노래의 첫 부분엔 아무도 관심이 없었다. 모두가 듣는 둥 마는 둥 했다. 노래의 음이 조금씩 높아지기 시작하면 하나 둘 주목했다. 포깁미(forgive me)! 거얼~~↗얼~~↗어~~↗어얼!!(girl). 이제 모두가 집중하는 순간이 왔다.

Lady~~ won't you save me~~

대부분 도전자는 여기서 기세 좋게 무너졌다. 자

기 몸보다 큰 바위를 밀겠다며 덤비는 꼴이었다. 가끔 바위를 강력한 힘으로 밀어내는 이들도 있었지만, 대부분은 주저앉았다. 나도 마찬가지였다. 내가 <She's gone>을 부르면 친구들은 나를 안쓰럽게 봤다.

○

인터넷에서 '고등학생이 부르는 She's gone' 이라는 제목의 영상을 봤다. 의문을 품으며 클릭했다. 노래방에서 녹음한 듯한 구린 음질에서 깨끗한 목소리가 흘러 나왔다. 나도 모르게 끝까지 들었다. 내가 들은 <She's gone> 중에서 최고였다. 컴퓨터 모니터에서 들리는 목소리는 노래를 마음껏 가지고 놀았다. 원곡보다 한 옥타브 올려 애드립을 하기도 했다. '이게⋯ 인간인가?'라는 생각마저 들었다.

그 소년의 이름은 하현우였다.
그 소년은 자라서 '국카스텐'의 보컬이 된다.

처음 국카스텐의 <거울>을 들었을 때, 최면에 걸리는 기분이었다. 처음 나오는 기타 리프는 이상

한 꿈을 꾸는 것처럼 나를 홀렸다. 가사도 알쏭달쏭했다. '국카스텐'이 무슨 뜻인지도 몰랐지만, 굳이 찾아볼 정도로 궁금하진 않았다.

<이하나의 페퍼민트>에서 그들의 라이브 무대를 처음 봤을 때, 나는 다시 한번 그들에게 사로잡혔다. 스스로 거울 보며 자른 게 분명한 더벅머리에 용 그림이 화려하게 박힌 셔츠를 걸친 그들. '저런 옷은 도대체 어디서 구한 걸까?' 궁금했다. 삐뚤어진 입매로 격렬하게 머리를 흔들며 기타를 치는 하현우의 모습은 강렬했다. 공중파 첫 출연임에도 국카스텐은 전혀 위축되지 않았다. 집 앞에 나온 것처럼 편안해보였다.

○

TV에서 폭포수 앞에서 소리를 지르며 득음했다는 가수들의 이야기를 들었다. 변성기 이후 늘 '고음 불가'였던 나는 득음을 하고 싶었다. 주위에 폭포수가 있나 찾아보았다. 없었다. 집, 학교, 학원만을 왔다 갔다 하던 나에겐 크게 소리칠 공간조차 없었다. 지금도 안타깝다. 폭포수만 있었다면 나도 가수가 될 수 있었을 텐데.

어느 날 아빠와 차를 타고 가던 중, 아빠가 잠시 집에서 물건을 챙긴다며 차를 비웠다. 아무도 없는 조용한 공간. 득음을 위한 최적의 공간이었다. 어떤 곡으로 득음을 할까 고민하다가 국카스텐의 <Faust>를 골랐다. 아무도 없는 차 안에서 내 안의 모든 것을 쏟아내듯 노래했다. 자유와 열정의 순간이었다.

랄랄라 라라 랄랄라 라라 랄랄라 라라라

한창 노래에 심취해있을 때 덜컥 소리가 났다. 차 뒷문이 열리더니 아빠가 들어왔다. 아빠는 깜짝 놀라 말했다.
"뭐 하고 있었냐?"
대답없는 나에게 아빠가 물었다.
"노래했냐?"
나는 작게 대답했다.
"응."

아빠는 고개를 끄덕이며 말했다.

"깜짝 놀랐네."

그날 득음을 하지 못한 나는 여전히 고음 불가다.

아… 원통하다.

○

국카스텐의 음악은 대중적이지 않았다. 그들은 방송 출연도 거의 하지 않았다. 하지만 국카스텐의 개성있는 곡과 하현우의 가창력은 서서히 입소문을 탔다. 그 시작은 <나는 가수다>였다. 국카스텐은 <나는 가수다> 공연 전 본인들의 심정을 밝혔다.

"나가수 섭외가 왔는데, 사실 고민도 안 했죠. 모든 멤버가 다 나가자고 했어요. 이 친구는 심장이 뛰어서 새벽 6시까지 잠을 못 잤대요. 저희는 별의별 곳에서 공연을 했어요. 진짜 안 해본 데가 없어요. 그런데도 저희를 잘 모르세요. 그래서 우리가 잘 살고 있는 게 맞나 의심했어요. <나는 가수다>를 나오면서 그 시절을 모두 보상받은 것 같아요.

저희는 진짜 연습을 많이 해요. 다른 생각을 해도 저절로 노래하고 연주할 정도로 연습해요. 나가수는 우리 밴드 인생에서도 중요한 기회라고 생각해요. '록 음악이 너무나도 매력적이구나', '정말 살아있는 음악이구나' 느끼실 수 있게끔 정말 열심히 할게요."

국카스텐은 <나는 가수다> 첫 무대부터 사람들을 단숨에 사로잡으며 우승을 차지했다. 이장희 <한잔의 추억>, 들국화 <행진>, 패닉 <달팽이>, 조용필 <모나리자> 등의 수많은 명곡을 국카스텐 스타일로 편곡했다. 무대 위에서 그들은 초월적 존재 같았다. 날카로운 보컬의 음색과 밴드의 몽환적인 사운드는 화면 너머까지 전달되었다. 국카스텐은 수많은 사람에게 록의 매력을 보여주었다.

○

<복면가왕>에 전설적인 가수가 등장했다. 이름하여 '우리동네 음악대상'. 가면과 모자로 얼굴을 꽁꽁 숨겼지만 '우리동네 음악대장'이 노래를 시

작하는 순간 모두가 알았다. 그가 하현우라는 걸. 사람들은 알면서도 속아줬다. '우리동네 음악대장'은 압도적인 실력을 뽐내며 복면가왕 역대 최다 연승을 거둔다. 그의 무대는 매번 화제가 되었고, 심지어 우리 엄마도, 아빠도 '우리동네 음악대장'을 좋아했다.

아빠는 조용필의 오랜 팬이다. 친구들과 조용필 콘서트 갔던 날, 그는 태어나 처음으로 야광봉을 샀다. 집에 돌아와서도 흥분을 감추지 못했다. 조용필의 엄청난 무대를, 관객들의 파도 같은 환호성을 우리에게 오래도록 설명했다. 그랬던 그가 '우리동네 음악대장'의 무대를 보고 이렇게 말했다.
 "아무래도… 우리동네 음악대장이 조용필보다 훨씬 잘하는 것 같다."

지금은 우리 아빠의 개인적 의견이지만 언젠가는 모두가 아빠의 의견에 동의할 것이다. 국카스텐이 '조용필과 위대한 탄생'만큼 뛰어난 밴드임을 누구나 인정할 날이 머지 않아 올 것이다.

먼 훗날 내가 50대가 되면 내 자식들에게 부탁할 것이다.

"국카스텐 콘서트 티켓 하나만 예매해 줘라.

가급적 스탠딩 석으로."

자식들이 티켓팅에 성공하면 숨겨뒀던 야광봉을 꺼내들고 국카스텐을 만나러 갈 것이다. 신나게 공연을 즐기고 집에 돌아와 자식들에게 전할 것이다.

"아무래도… 하현우보다 노래 잘하는 사람은 아직 없는 것 같다."

Q: 국카스텐이 생각하는 좋은 음악은 무엇인가요?
A: 좋은 음악이요?
 국카스텐의 음악이 좋은 음악입니다.
<EBS 스페이스 공감 인터뷰에서>

#추천 플레이리스트

1. 거울
2. 붉은 밭
3. Violet wand
4. Faust
5. VITRIOL
6. GAVIAL
7. 꼬리
8. Angstblüte
9. OVERMAN
10. KICK OUT

77

국악도 락이다
: 이날치

 2004년 전국노래자랑에 한복 입은 8살 꼬마가 나왔다. 그녀는 자신을 이렇게 소개했다.
 "민요짱, 시조짱 송소희. 박수 많이 쳐주세요!"
 송해 선생님께서는 기특한 눈빛으로 꼬마에게 물었다.
 "이름이 뭐라고 했죠?"
 "송소희요."
 "어디 송 씨이신 가?"
 "송해 송 씨예요."
 한바탕 웃음을 준 꼬마는 시조 한 소절을 읊었다. 빼어난 실력에 많은 이들이 놀랐다. 송해 선생님께서는 허리를 숙여 작은 소녀와 눈을 맞추셨다. 그리고 따뜻한 말 한마디를 건넸다.

"앞으로도 열심히 공부하시고~ 훌~륭한 명인이 되세요!"

그 꼬마는 송해 선생님의 말씀을 잊지 않았다. 송소희는 하루도 빼놓지 않고 연습했고, 국악 소녀가 되어 많은 이들에게 국악을 알렸다. 어린 나이에 전통 음악을 능숙하게 소화해내는 그녀가 대단했다. 하지만 국악은 내 취향과는 거리가 멀었다. 악뮤 이찬혁에게 힙합이 안 멋졌던 것처럼 나에겐 국악이 안 멋졌다.

얼마 전, 우연히 그녀가 자작곡 <Not a dream>을 부르는 영상을 보았다. 한복을 입지 않은 송소희의 모습은 낯설었다. 잔잔한 일렉기타 소리 위에 흐르는 목소리는 분명 국악 소녀 송소희의 목소리였다.

눈물은 닦아내고
오 달려온 나의 저 길을 바라봐
<Not a dream>

노래가 너무 좋았다. 힙합보다도 국악보다도 더 멋졌다. 지하철을 타고 서울에서 인천으로 가는 내내 <Not a dream>을 들었다. 송소희의 목소리는 민요에만 어울리는 게 아니었다. 송소희는 훨씬 더 다양한 음악을 소화할 수 있는 보컬이었다.

○

이날치는 정반대다. 어떤 악기도 이날치를 만나면 우리의 소리가 된다. 이날치의 보컬들은 모두 판소리 전공자이다. 판소리는 북을 치는 '고수'와 노래하는 '소리꾼' 두 명이 이끌어나가는 예술이다. 이날치 밴드엔 고수 대신 드러머와 베이시스트가 있다. 판소리의 정의에 맞진 않지만 그들의 음악을 들으면 누구나 느낄 수 있다. 이건 판소리라는 것을. 북이 없더라도, 고수가 없더라도 이날치 음악은 판소리다.

네이버 온스테이지 영상에서 처음 이날치를 보았다. 중독성 있는 베이스 리듬이 흐르고 누군가가 저 멀리서 이상한 춤을 춘다. '저게 도대체 무슨 춤일까?' 생각하며 나도 모르게 몸짓을 따라한다. 그때 소리꾼들의 우렁찬 목소리가 들린다.

범 내려온다!

판소리에 베이스 한 숟갈, 드럼 한 숟갈, 댄스 열 숟갈을 더하니 전 세계에 자랑하고 싶은 우리의 소리가 탄생했다. 교과서에도 아무리 강조해도 느끼지 못했던 우리 국악의 멋과 흥을 깨닫게 되었다. 처음에는 신기해서, 나중에는 신나서 계속 들었다. '국악은 안 멋져' 라는 말은 취소다.

우스꽝스러웠던 춤은 사실 고난도 댄스였다. 남몰래 따라 하다가 척추가 뒤틀릴뻔했다. 이날치의 노래와 찰떡궁합인 춤을 만든 이들은 '엠비규어스 댄스 컴퍼니'다. 이들은 한국관광공사에서 한국을 알리는 영상에도 참여했다. 서울 이곳저곳에서 이들이 춤을 추는 영상은 엄청난 조회수를 기록하고 있다. 그 영상을 보면 한국적인 멋이 무엇인지 제대로 느낄 수 있다.

이날치는 2021년 한국대중음악상에서 3관왕에 올랐다. 이날치는 '올해의 음악인', '최우수 크로스오버 음반'과 더불어 '최우수 모던록 노래' 부문에서 수상했다. 다시 한번 말한다. <범 내려온다>는 '최우수 모던록 노래' 부문에서 수상했다. 이제 다들 인정할 수 밖에 없을 것이다.

국악은 모던하고,
국악도 락이다.

○

대한민국이 동양 문화권이라지만, 우리 생활 모습은 서양 문화권과 크게 다르지 않다. 인간 삶에서 가장 필수적인 요소를 의식주라 한다. 식(食)습관을 제외하고는 우리는 이미 서양 풍습에 물들었다. 우리나라에서 매일 한복을 입거나, 한옥에 사는 사람은 많지 않다. 요즘은 식습관도 조금씩 서구화되고 있다. 이런 환경에서 살아가는 우리에게 국악은 낯선 장르다.

초등 음악 교과서에도 국악 곡이 많다. 민요, 궁중 음악, 판소리 등 종류도 다양하다. 하지만 국악 수업은 쉽지 않다. 평소엔 옆 반에 민망할 정도로 크게 노래하는 아이들도, 국악만 들으면 조용해진다. 판소리는 국악 중에서도 낯설다. 창을 하는 소리꾼과 북을 치는 고수. 단 두 명이 무대를 장악하며 펼치는 공연의 대단함을 아이들은 알지 못한다.

"지금 여러분이 화면에서 보는 분은 대한민국 무형 문화재이십니다!"

"……"

우리는 위대한 노래를 즐겨듣지 않는다.

좋아하는 노래를 즐겨듣는다.

이날치가 나오고 수업 고민이 많이 줄었다. 판소리를 수업할 땐 이날치의 노래를 함께 들려준다. 아이들이 판소리에 관심을 보인다. '도대체 범이 왜 내려왔을까?' 궁금해하고, 뒷 이야기를 알려 달라고 조른다. 국악이 가야 할 방향이 있다면 바로 이런 식이지 않을까. 이날치같은 예술가들이 더 많이 나타나면 좋겠다.

즐거워야 음악이다.

국악도 락이다.

#추천 플레이리스트

1. 범 내려온다
2. 약일레라
3. 발밑을 조심해
4. 별주부가 울며 여짜오되
5. 봐봐요 봐봐요
6. 새타령
7. 여보나리
8. 어류도감
9. 진흙의 신
10. 좌우나졸

밴드 붐은 온다
: 실리카겔

전역을 석 달 정도 앞두었을 때였다. 부대에서 당직 사관님께 코로나19 소식을 전해 들었다. 그때만 해도 코로나19에 대한 속설이 난무했다. 당직 사관님은 나에게 "중국에서 무슨 전염병이 퍼지기 시작했다더라, 박쥐를 먹어서 생긴 질병이라더라, 전염성이 엄청나다더라, 공기도 전염된다더라, 영화 <감기> 본 적 있느냐, 그게 현실이 되었다." 라는 식의 진실과 거짓의 경계를 구분할 수 없는 이야기를 전해 주셨다. 대충 흘려 들었다. 부대 안에 있는 나와는 상관없는 일이니까.

코로나19는 금세 내 삶까지 침투했다. 부대에서는

병사들에게 마스크를 지급했다. 언제나 마스크를 쓰고 다니라는 명령이 떨어졌다. 훈련할 때도, 체력 단련을 할 때도 마찬가지였다. 답답함에 불평을 하는 우리에게 중대장님이 말했다.

"지금 밖에서는 마스크를 구하고 싶어도 구할 수 없다. 감사하게 생각해라! 알겠나?"

우리가 아무리 갇혀있어도 그렇지. 그런 말도 안 되는 소리를 믿으란 말인가. 마스크가 없다니. 개인 정비 시간에 엄마와 통화를 했다. 엄마는 말했다.

"아들 잘 있지? 마스크는 있어? 밖에는 마스크를 구할 수가 없다."

휴가를 나가기 이틀 전, 전 장병 휴가 통제를 한다는 기사가 나왔다. 믿을 수 없었다. 부모님 선물도 이미 다 사두었는데……. 분노가 가라앉지 않았다. 휴가 복귀를 하는 인원들은 격리가 되었다. 풋살도, 농구도 하지 말라고 했다. 체력단련실도 못 가게 했다. 엄마는 군대가 가장 안전하니 거기 콕 박혀 있으라고 하셨다. 어떻게 그런 끔찍한 소리를 할 수가 있나. 그래도 시간은 흘러 전역 날이 되었다. 코로나19로 못 나간 휴가 덕분에 한 달 정도 일찍 전역할 수 있었다.

바이러스는 좀처럼 수그러들지 않았다. 다시 복직한 학교엔 아이들이 오지 않았다. 사회적 거리 두기, 집합 금지 등 다양한 방역 조치가 시행되었다. 그럼에도 수많은 사람이 코로나19에 걸렸다. 나도 두 번이나 걸렸다. 무지하게 아팠다.

○

코로나19는 경제적으로도 큰 타격을 주었다. 많은 사람의 생업이 무너졌다. 공연계 또한 예외가 아니었다. 대형 콘서트부터 작은 클럽 공연까지 줄줄이 취소되었다. 함성과 열기로 가득해야 할 무대는 침묵과 한숨으로 가득 찼다. 고리는 늘 가장 약한 곳에서 끊어진다. TV에 출연하는 가수들은 그나마 견딜 만했지만, 공연장을 위주로 활동하는 인디밴드들은 눈앞이 막막해졌다. 생계 때문에 무대를 떠난 밴드들이 많았다.

2021년, 코로나바이러스는 여전히 사라지지 않았다. 매년 8월에 개최하던 펜타포트 락페스티벌은 일정을 10월로 바꿨다. 당시엔 10월쯤 되면 세상이 괜찮아질 줄 알았나보다. 그러나 끈질긴 바이러스는 사라지지 않았다. 결국 펜타포트 락페스티벌은 비대면 유튜브 라이브 방송으로 진행되었다. '비대면 락페스티벌'이란 단어는 '뜨거운 아이스 아메리카노', '차가운 온천수', '어두운 형광등'만큼 우스꽝스러웠다.

비대면 펜타포트 락페스티벌의 촬영 무대 '달빛축제공원'은 우리 집 바로 앞이었다. 거실 창문 사이로 무대가 보였다. 그곳에서 연주하는 모습도 흐릿하게 볼 수 있었다. 혹시나 하는 마음에 창문을 열어봤지만 소리는 전혀 들리지 않았다. 아내에게 말했다.

"우리 한 번 공원으로 가보자. 가까이 가면 들릴 수도 있어."

부푼 마음으로 공원에 갔다. 작은 소리라도 듣고 싶은 마음에 최대한 무대 가까이 섰다. 통제된 무대 위에는 한 밴드가 열심히 연주를 하고 있었다. 처음 보는 밴드였다. 나는 아내에게 물었다.

"저 밴드 이름이 뭐지?"

아내는 스마트폰으로 타임 테이블을 살펴본 후 말했다.

"실리카겔이야. 저기 베이스 치는 애 나랑 초등학교 1학년 때 같은 반이었어."

호기심이 생겼다. 그들의 무대를 집중해서 봤다. 주변 아파트에 사는 사람들의 민원을 의식해서였는지 볼륨이 너무 작았다. 음악 소리가 거의 들리지 않았다. 결국 우리는 중간에 집으로 돌아왔다.

1년 뒤, 2022년. 3년 만에 펜타포트 락페스티벌이 대면 공연으로 돌아왔다. 반가운 마음에 나와 아내는 3일권을 끊었다. 8월의 무더운 날씨, 한낮의 락페스티벌은 더위와의 싸움이었다. 첫째 날 크라잉넛, 넬과 함께하며 우리 체력은 이미 많이 소진되었다. 둘째 날은 천천히 해가 지면 갈까 고민했다. 그런데 타임테이블에서 실리카겔이 보였다. 오후 1시 40분 시작이었다. 작년에 제대로 보지 못한 그들을 보고 싶었다. 지친 몸을 이끌고 오후 1시, 가장 더운 시간에 집을 나섰다. 공연장에 도착하니 이미 땀이 범벅이 되었다. 우리는 땀을 식힐 맥주를 먼저 사고 천천히 무대를 향해 걸어갔다.

그때, 첫 곡 <NO PAIN>의 기타 리프가 울려 퍼졌다. 처음 듣는 곡이었지만, 아내와 나는 단숨에 흥분했다. '이거 완전 로큰롤이네!'. 맥주가 흐르지 않게 오른손을 단단히 고정시키고 빠른 걸음으로 무대로 갔다. 기타 리프가 끝나자 사람들은 떼창을 했다.

내가 만든 집에서 모두 함께 노래를 합시다.
소외됐던 사람들 모두 함께 노래를 합시다.

1년 전 비대면 무대에서 제대로 느끼지 못했던 그들의 에너지는 폭발적이었다. 사운드뿐만 아니라 퍼포먼스도 좋았다. 더위도 잊고 신나게 뛰어 놀았다. 내년 락페스티벌부터는 그들을 대낮이 아닌, 해질 무렵 볼 수 있을 것 같다는 생각이 들었다.

범인(凡人)은 깊은 예술의 세계를 이해하지 못한다. 치마를 입은 그들의 모습이 내 눈엔 우스꽝스럽다. 그들이 쓰는 가사가 무슨 뜻인지 나는 당최 모르겠다. 보컬 김한주의 희번덕한 눈이 가끔 무섭다. 실리카겔의 뮤직비디오나 퍼포먼스가 기괴하다고 느낄 때도 있다. 그런데 참 이상하다. 계속 보고 싶고, 자꾸 듣고 싶다. 2024년 유튜브 뮤직에서 내가 1년 동안 가장 많이 들은 음악을 알려줬다. 1위는 실리카겔의 NO PAIN이었다. 내가 가장 많이 들은 아티스트 TOP 5에도 실리카겔이 있었다.

밴드 붐이 오려면 밴드 음악이 많은 이들에게 알려져야 한다. 스타성 있는 밴드가 있어야 한다. 실리카겔은 충분히 가능성 있는 밴드다. 그들의 독창적인 사운드, 강렬한 비주얼, 실험적인 퍼포먼스는 이미 대중들을 끌어들이고 있다.

유튜브에서 가수 '카더가든' 이 '제1회 스쿨오브락 가요제' 를 열었던 영상을 보았다. 카더가든은 밴드를 꿈꾸는 어린 학생들에게 무대를 선물해주었다. 미래의 록스타들은 무대 위에서 마음껏 끼를 펼쳤다. 학생들의 공연이 모두 끝나고, 텅빈 무대 위로 실리카겔이 올라왔다. 실리카겔은 학생들을 위한 공연을 시작했다. 무대 아래 로큰롤 베이비들은 열광했다. 감동의 눈물을 보이는 학생도 있었다.

노래를 마친 보컬 김한주는 학생들에게 따뜻한 말을 건넸다.
"저희도 여러분처럼 10대 때 밴드부 경험이 있어요. 그때 즐거웠던 감정들이 뭔지 너무 잘 알고 있어요. 오늘 여러분 덕분에 그 감정을 다시 느낄 수 있었어요. 다시 이 감정을 느낄 수 있게 해주셔서 너무너무 감사합니다."

○

잔나비에 관한 글을 쓰고 있었다. 잔나비를 처음 만난 날을 돌이켜보려고, '그린플러그드 서울 2016'의 타임테이블을 찾아봤다. 그런데 그곳에서 뜻밖의 이름을 발견했다. 실리카겔이었다.

그날 나와 같은 장소에 실리카겔 있었다니….
실리카겔이 그토록 오래된 밴드였다니….

충격적이었다. 실리카겔은 한순간에 로큰롤 스타가 된 것이 아니었다. 밴드 붐을 몰고 오고 있는 그들도 한때는, '얘들 누구지?'에서 '얘들'을 맡았던 시절이 있었다. 무대 위에서 그 누구보다 당당한 그들도 한때는, 신인 뮤지션을 발굴하는 프로그램 <올해의 헬로루키> 대상 발표를 듣고 아이처럼 기뻐하던 시절이 있었다.

뭘 해도 힘든 세상이다. 이런 세상에서 음악을 하며 살아간다는 것은 더더욱 만만치 않다. '졸업하면 치킨집 아니면 레슨실', '무대 위에선 록스타, 무대 밖에선 무직자' 등 음악 전공 학생들이 내뱉는 자조를 들으면 씁쓸함이 몰려온다. 많은 음악 전공자들은 음악과 전혀 관련 없는 일로 생계를 꾸려간다.

그럼에도 불구하고,

꿋꿋하게 로큰롤 스타를 꿈꾸는 꿈나무들이 있다.

그들에게 가장 큰 희망은 현재의 로큰롤 스타이다. 실리카겔은 존재 자체로 그들에게 큰 힘이 되어주고 있다. 내가 좋아하고 잘하는 일을 포기하지 않고 계속한다면 언젠간 빛을 볼 거라는 걸 몸소 보여주고 있다.

> Ryudejakeiru
> 백만 가지 재앙 속에서도
> 성실하게
> 지킬뿐이라고
> 내 입속에 태양이 들었다고
> <Ryudejakeiru>

실리카겔 같은 멋진 밴드가 있고, 그들을 보고 피땀 흘려 연습하는 로큰롤 꿈나무들이 있기에

밴드 붐은 반드시 온다.

#추천 플레이리스트

1. NO PAIN
2. Tik Tak Tok
3. Ryudejakeiru
4. APEX
5. Eres Tu
6. Kyo181
7. Budland
8. I'MMORTAL
9. Andre99
10. Desert Eagle

"로커라는 단어엔

어릴 적부터 동경했던 꿈, 희망, 바람이

다 녹아있다."

-김창완-

You can take my bucket list
: 맥거핀

 운전은 주로 아내가 한다. 나는 조수석에 탈 때가 많다. 이유는 간단하다. 아내가 나보다 운전을 더 잘한다. 차에선 주로 아내 휴대폰에 있는 노래를 듣는다. 처음엔 대부분 모르는 노래였는데, 계속 듣다 보니 익숙해졌다. 그래도 여전히 제목도, 가수도 모르는 노래들이 많다. 듣다가 좋은 노래가 있으면 아내에게 노래 제목을 묻는다.

 그날도 그랬다. 그저 흘러가던 수많은 음악 중 내 귀를 사로잡는 음악이 나왔다. 사운드가 세련됐고, 보컬의 목소리도 독특했다.

언젠가 그대가 내게 두고 간
수첩을 손에 들었어

왜일까 생각보다
같이 하지 못한 것들이
너무 많은 걸
<BUCKET LIST>

아내에게 물었다.
"이 노래 제목이 뭐야?"
"Bucket list"
"가수는?"
"맥거핀"
"뭐라고? 맥머핀?"
"아니. 맥거핀이라고!"
"아… 맥거핀."
"너는 이 노래 나올 때마다 물어보더라. 벌써 세 번째야!"

내가 이 노래 제복을 세 번이니 물어봤다고? 어쩐지 노래가 귀에 쏙쏙 박히더라…. 집에 오자마자 그날 일화를 블로그에 적었다. 다시는 그들을 잊어버리지 않기 위한 처절한 노력이었다. 맥거핀, 그리고 Bucket list. 이제 완벽히 외웠다.

아무도 오지 않던 기록용 블로그였다. 그곳에 처음으로 댓글이 달렸다. 누구지? 놀란 마음으로 확인했다.

-맥거핀 11월에 롤링홀 공연 있어요. 보러 오세요.
처음 받아 본 댓글에 뭐라 답해야 할지 난감했다. 공연을 보러 가겠다고 해야 할까? 섣부른 약속은 하고 싶지 않았다. 고민 끝에 간단히 답했다.
"좋은 소식 감사합니다."
몇 분 뒤 새로운 댓글이 또 달렸다. 처음 댓글을 남긴 분이었다.
-라이브가 더 좋아요.
아직 답도 하지 못했는데, 또 다시 댓글이 달렸다.
-인스타그램 팔로우하시면 공연정보 올라와요.
이젠 답글을 달아주는 게 예의라는 생각이 들었다.
"감사합니다! 언제 한 번 꼭 보러 가겠습니다."
1분 정도 뒤에 마지막 댓글이 달렸다.
-너무 실력 있는 밴드인데 뜨질 않아서 속상하

네요.

"저도 한 곡 듣고 바로 팬 됐습니다. 실력 있는 밴드니까 분명 뜰 겁니다."

라고 썼다가 지웠다. 실력은 있지만 뜨지 못한 수많은 밴드가 머릿속에 스쳐 지나갔기 때문이다. 결국 더이상 답글은 달지 못했다.

자신이 좋아하는 밴드를 알리고 싶은 마음. 한때 나도 가졌던, 어쩌면 여전히 가지고 있는 그 마음이 느껴졌다. 맥거핀, 그들은 알까? 누군가는 맥거핀의 노래가 더 많은 사람에게 닿길 바란다는 걸. 맥거핀의 노래가 더 많은 곳에 울려 퍼지길 바란다는 걸. 맥거핀의 공연장에 더 많은 사람이 찾아오길 바란다는 걸. 그래서 맥거핀이 좀 더 즐겁게 공연하길 바란다는 걸.

아무도 오지 않는 내 블로그에 찾아와주신 그분의 버킷리스트가 꼭 이뤄지길 소망한다.

#추천 플레이리스트

1. Bucket List
2. Zigzag
3. DISCO (I Don't Mind)
4. Malibu
5. Curtain Call
6. Whisky
7. Couch Potato
8. Wannabe
9. 두리번
10. Highway

청춘을 노래하는 홍대 여신
: 유다빈밴드

 한때 홍대에는 주목할 만한 여성 아티스트들이 잇따라 등장했다. 요조, 한희정, 타루, 레이디제인 등 기타를 치며 노래하는 그녀들의 모습은 신비롭고 아름다웠다. 사람들은 그녀들을 '홍대 여신'이라 불렀다. 여신들의 음악은 인디 씬의 큰 축이 되었다. 이후 새로운 여성 싱어송라이터만 나오면 다들 '홍대 여신'이라는 칭호를 붙였다. 흔하면 가치가 없어진다. 너도나도 '홍대 여신'이 되다 보니 '여신'이라는 칭호는 식상해졌다. '홍대가 올림포스냐'라는 비아냥도 나왔다. 세월이 흐르자, 그 많던 홍대 여신들이 하나둘씩 사라졌다. 여전히 활동하는 이들도 있지만, 그 누구도 이들을 '홍대 여신'이라 부르진 않는다.

한때 밴드는 청춘의 상징이었다. 크라잉넛과 노브레인은 청춘의 패기를 노래했다.

우리는 크라잉넛 떠돌이 신사
한 많은 팔노강산 유랑해보세!
마음대로 춤을 추며 떠들어보세요.
어차피 우리에겐 내일은 없어.
<서커스 매직 유랑단 - 크라잉넛>

막다른 골목으로 질주해 보리라
맨땅에 헤딩하리라
난잡한 기름 속에 녹아들어 보리라
사정없이 사정하리라
<청춘 98 - 노브레인>

슈퍼스타K 시즌4 준우승을 했던 밴드 딕펑스는 청춘의 찬란함을 노래했다.

반짝여라 젊은 날 반짝여라 내 사랑
<VIVA 청춘 - 딕펑스>

 밴드 음악은 단순한 장르가 아니라 하나의 태도였다. 청춘을 표현하는 방식이었다. 세월이 흐르면서 청춘의 풋풋함이나 패기를 느낄 수 있는 밴드들이 점점 사라졌다. 보기만 해도 싱그러운 청춘의 에너지 대신 '청춘'이나 '낭만' 같은 가사만 남발되고 있었다.

○

 '유다빈밴드'를 처음 본 건 밴드 오디션 프로그램에서였다. 가장 먼저 눈에 띈 건 그들의 앳된 얼굴이었다. 밴드 음악에 푹 빠진 밴드부 학생들 같았다. 그들은 크라잉넛의 <좋지 아니한가>를 불렀다. 내가 정말 좋아하는 곡이었다. 어두운 조명 속에서 보컬 유다빈은 읊조리듯 노래했다.

나무가 사라져간 산길, 주인 없는 바다
그래도 좋지 아니한가.

내 마음대로 되는 세상

이후 조명이 켜지고 유다빈밴드는 신나게 노래를 이어갔다. 나는 생각했다.

'청춘을 노래하는 홍대 여신이 나타났다.'

노래의 주인인 크라잉넛의 베이시스트 한경록조차도 신나게 리듬을 타며 유다빈밴드의 무대를 즐기고 있었다. 보기만 해도 기분이 좋아졌다.

이제 유다빈밴드 자랑 좀 해보려고 한다. 첫 번째 자랑거리는 보컬 유다빈의 표정이다. 유다빈은 노래에 담긴 감정을 그대로 전한다. 그녀가 신나게 노래 부를 때는 나도 절로 기분이 좋아진다. 슬픈 노래를 부를 땐 쓸쓸함이 얼굴에 그대로 배어난다. 가끔은 말보다 표정이 더 많은 것을 말해준다. 그녀의 표정은 가사에 담을 수 없는 많은 이야기를 전해준다.

두 번째 자랑거리는 아름다운 가사다. 어쩌다 보니 나도 작가라는 타이틀을 달았다. 하지만 여전히 글쓰기는 어렵고, 글 잘 쓰는 사람들이 부럽다. 특히나 감정을 글에 잘 녹여내는 이들을 보면 찾아가서 배우고 싶다. 유다빈 밴드의 노래를 들으면서도 같은 생각을 했다. 화려하지 않지만 진심이 전해지는 가사. 조미료 없이 맛을 낸 된장찌개처럼 담백하지만 깊이 있는 가사. 듣다 보면 내 이야기 같은 가사. 그래서 위로를 받고 희망을 품게 되는 가사.

한 철 마음에 피어난 꽃들이 저물고
하얀 눈은 또 내려오네요
추운 바람에도 우리 외롭지 말아요
<오늘은 잠에 들 거예요>

어떻게 이런 가사를 쓸 수 있는가? 기회가 된다면 찾아가서 배우고 싶다.

세 번째 자랑거리는 빼어난 라이브 실력이다. 유다빈 밴드의 음악은 공연장에서 더욱 빛난다. 그들은 무대를 즐긴다. 멤버 간의 합도 뛰어나고, 관객과 호흡도 자연스럽다. 녹음된 노래를 들을 때도 그들이 무대에서 연주하는 모습이 떠오른다. 특히나 베이시스트 조영윤의 연주는 베이스가 존재감 없는 악기라는 편견을 깨부순다. 유다빈밴드의 공연장을 한 번

찾길 권한다. 그게 어렵다면 그들의 무대 영상이라도 보면 좋겠다. 보고 나면 자연스레 생각할 것이다.

'이 밴드는 앞으로 더 빛날 수밖에 없겠구나.'

자랑거리를 말하려면 끝도 없겠지만, 꾹 참고 여기서 멈춘다. 그 많던 홍대 여신들이 사라지고, 청춘을 노래하는 밴드들이 흔적조차 찾기 어려운 지금. 유다빈 밴드는 여전히 자신들의 색깔을 잃지 않으려 애쓰고 있다. 그들의 노래를 오래도록 듣고 싶다.

#추천 플레이리스트

1. 좋지 아니한가
2. LETTER
3. Daydream - 백일몽
4. 어지러워
5. 20s
6. 항해
7. 오늘은 잠에 들 거예요
8. LOVE SONG
9. 우리의 밤
10. 지나갈 지나간 지나쳐갈

언젠간 헤드라이너
: 잔나비

 한낮의 뮤직 페스티벌은 쓸쓸하다. 햇볕이 가장 뜨거운 시간. 그 시간부터 공연장을 찾는 사람은 많지 않다. 무대 앞엔 관객들이 띄엄띄엄 흩어져 있다. 그 사이사이는 아직 밟히지 않아 푸르른 잔디가 가득하다. 관객이 없더라도 누군가는 노래해야 한다. 그런 무대조차 간절한 밴드들이 너무나 많다.

 그날도 그랬다. 2016년 그린플러그드 페스티벌. 나는 오후 두 시쯤 난지한강공원에 도착했다. 아직 오지 않은 친구를 기다리며 잔디밭을 방황했다. 여기저기 떠돌아다니던 중 흐릿한 기타 소리를 들었다. 왠지 마음이 끌려 무대를 향해 걸어갔다. 무대 위에는 이름 모를 밴드가 있었다. 관객은 많지 않았다. 나는 무대 바로 앞까지 다가갔다. 서로 눈을 마주칠 수 있을 정도의 거리에서 그들의 무대를 보았다.

"안녕하세요. 저희는 밴드 잔나비입니다."

이름 참 특이하다 싶었다. '잔나비가 뭐지?', '작은 나비인가?'. 교사를 꿈꾸던 대학생은 무식하기 짝이 없게도 잔나비의 뜻조차 몰랐다. 다행히 운 좋게도 선생이 된 이 작자, 혹시나 나처럼 '잔나비'의 뜻을 모르는 이들을 위해 설명한다. 잔나비는 '원숭이'를 이르는 말이다. 밴드 '잔나비'는 원숭이띠 친구들이 모여 만든 밴드다.

이제 막 첫 곡을 마친 보컬은 몇 안 되는 관객에게 말을 건넸다.
"이제 오늘 같은 날씨에 정말 잘 어울리는 노래 들려드릴게요. 이 곡은 다 같이 떼창 하는 부분이 있어요."
난생처음 보는 밴드 보컬의 떼창 요구에 얼마 되지 않은 관객들은 당황했다. 이를 눈치챈 듯 보컬은 말을 이어나갔다.

"별거 없어요. 그냥 Fire! 라고 외쳐주시면 돼요."

그래도 관객이 알 수 없는 표정을 보이자, 그는 한 마디를 보탰다.

"듣다 보면 알아요. 시작하겠습니다."

그렇게 잔나비의 <Fire>라는 곡이 시작되었다.

"But I say FIRE!"

첫 소절을 듣자마자 어디서 따라 불러야 할지 바로 알 수 있었다. 신나게 따라불렀다. 곡이 끝나고 뒤를 돌아보니 관객들이 꽤 많아졌다. 잔나비는 뜨거운 태양 아래서 마음껏 끼를 펼쳤다. 이어진 그들의 무대를 모두 보고 난 뒤, 나는 생각했다.

'크게 될 밴드다!'

○

내 비록 한낱 비천한 인간이지만, 감히 누굴 평가할 자격은 더더욱 없는 비루한 인간이지만, 한 가지

비밀스러운 능력이 있다. 유명해질 밴드가 본능적으로 느껴진다. '네가 말하는 유명한 밴드란 무엇인가?' 묻는다면 이렇게 답하고 싶다. 누군가 '어떤 노래 좋아해?'라고 물으면 대답할 수 있는 밴드. '그게 누군데?'가 아닌 '아, 인디밴드 좋아하구나!'라는 반응이 나오는 밴드. 10cm, 데이브레이크, 장기하와 얼굴들, 검정치마. 이들이 대표적인 내가 찍은 밴드이다. 그래서 나는 마음속으로 이들이 내 덕에 성공했다고 여기고 있다. 그리고 그날 '잔나비'가 그들의 뒤를 이을 것이라 예견했다.

페스티벌이 끝나고 집에 돌아와서 하루를 돌아보았다. 펑크록 대부 '크라잉넛'보다도, 록스타들의 록스타 '김창완 밴드'보다도, 공연의 신 '이승환'보다도 '잔나비'의 공연이 가장 큰 여운이 남았다. 집에서 잔나비의 앨범 수록곡을 하나하나 들었다. 페스티벌에서 들었던 신나는 노래도 좋았지만, 잔나비의 잔잔한 노래도 좋았다. 유튜브에서 잔나비 공연 영상을 모두 찾아보았다. 잔나비 멤버들이 직접 본인들의 노래를 소개하는 영상도 있었다. 잔나비는 그들의 가사가 적힌 칠판 앞에서, 어디서 떼창을 해야 하는지, 어디서 어떤 동작을 해야 하는지 친절하게 설명해 주었다. 공부를 마치고 나니 어서 빨리 그들을 무대에서 다시 만나고 싶었다.

역시나 내 예측은 틀리는 법이 없다. 잔나비는 조금씩, 그러나 분명하게 더 많은 사람에게 존재감을 드러냈다. 거친 하드록 노래도, 마음을 어루만지는 섬세한 노래도 모두 어울리는 보이스. 압도적인 라이브 실력과 관객을 단숨에 열광시키는 무대 장악력. 게다가 보컬의 준수한 외모까지. 잔나비는 록스타의 조건을 모두 갖추고 있었다. 그런 밴드는 숨기려 해도 숨길 수 없다. 좋은 건 꽁꽁 숨겨도 모두가 찾아낸다.

잔나비는 페스티벌이라면 필수로 섭외해야 하는 밴드가 되었다. 음악 방송에도 자주 나와 그들의 노래를 알렸다. 많은 연예인들이 잔나비의 노래를 좋아한다고 밝혔다. 보컬 최정훈은 예능에도 모습을 보이더니, 결국 음악 방송 MC가 되었다. 심지어 최정훈이 부른 <사라진 모든 것들에게>라는 명곡은 내가 쓴 책 제목으로 선택받는 영광을 누렸다.

한낮의 썰렁한 무대에서도 최선을 다해 노래하던 잔나비. 그날로부터 10년도 채 지나지 않은 2024년. 그들은 펜타포트 락페스티벌의 주인공, 헤드라이너가 되었다. 헤드라이너가 된 그들은 무대 위에서 어떤 기분이었을까? 모르겠다. 하지만 나는 진심으로 감격스러웠다. 넓은 공원을 가득 채운 사람들. 그들은 모두 잔나비의 노래를 따라부르고 있었다.

우리는~ 우리는~ 어째서 어른이 된 걸까?
<꿈과 책과 힘과 벽>

잔나비는 이제 더 이상 '뜰 것 같은 밴드'가 아니었다. 대한민국의 제일가는 로큰롤 스타였다.
'거봐. 내가 딱 느낌이 오더라니까.'
나는 잔나비의 성공도 내 덕이라고 생각하고 있다. 아무도 인정하진 않지만.

○

유명해지는 게 밴드가 가야 할 길인지 아직 난 잘 모르겠다. 밴드로서 '성공'한다는 게 뭔지도 잘 모르겠다. TV에 자주 나와 많은 돈을 버는 것이 성공일까? 수많은 사람들에게 음악이 알려져 음원 차트 1위를 하는 것이 성공일까? 아니면 알아주는 이들이 많지 않더라도, 아무도 박수 치지 않더라도 무대 위에서 마음껏 하고 싶은 음악을 하는 것이 성공일까?

모르겠다. 그래도 내가 좋아하는 밴드는 유명해지면 좋겠다. 스스로 좋아하는 음악을 하면서 많은 이들을 즐겁게 해주면 좋겠다. 많은 사랑도 받고, 돈도 많이 벌면 좋겠다. 좋은 집에 살고, 비싼 차도 타면 좋겠다. 그들을 보고 자란 아이들이 록밴드를 동경하면 좋겠다. 그래서 록밴드를 꿈꾸는 아이들도 많아지면 좋겠다. 그 로큰롤 베이비들이 자라서 좋은 음악을 많이많이 만들어주면 좋겠다. 그렇게 좋은 음악이 가득한 세상이 되면 좋겠다.

잔나비를 보며 그런 세상을 생각해보았다.

#추천 플레이리스트

1. 알록달록
2. Beautiful(너 같아)
3. 뜨거운 여름밤은 가고 남은 건 볼품없지만
4. The Secret of hard rock
5. 주저하는 연인들을 위해
6. 우리 애는요
7. 전설
8. 꿈과 책과 힘과 벽
9. See Your Eyes
10. HONG KONG

너의 목소리가 들려
: 델리스파이스

 델리스파이스의 공연 영상을 처음 본 날이 기억난다. 그들은 조용히 등장했다. 기타리스트 김민규는 아주 천천히 기타를 튕겼다. 띵~ 딩. 느릿한 기타연주가 끝난 뒤, 드럼과 베이스가 합세하며 그 유명한 <챠우챠우>의 기타 리프가 시작되었다. 모든 관객은 동시에 환호했다. 전주가 끝나고 델리스파이스의 노래가 시작되었다.

 너의 목소리가 들려~

 기타리스트이자 보컬 김민규는 오직 한 소절만 부르고 기타연주에 전념했다. 노래는 관객들의 몫이었다.

너의 목소리가 들려~

이제 그 노래는 더이상 델리스파이스의 노래가 아니었다. 모두의 노래였다. 그 순간 생각했다. 이건 정말 가성비가 좋은 노래구나!

사람들은 목이 터져라 노래를 따라 불렀다. 눈앞의 수많은 관객이 자기 노래를 불러줄 때, 그 기분은 어떨까? 그 순간만큼은 그들이 온 우주에서 가장 행복할 것 같다고 느꼈다.

한동안 그 감흥에서 벗어날 수 없었다. 델리스파이스의 <챠우챠우>만 죽자고 들었다. 하루는 친구들과 노래방에 갔다. 늘 듣던 <챠우챠우>를 예약했다. 내 차례가 되고 마이크를 잡았다. 익숙한 기타 리프가 끝나고 노래를 시작했다.
너의 목소리가 들려. 너의 목소리가 들려.
그리고 또다시
너의 목소리가 들려. 너의 목소리가 들려.

아무리 애를 쓰고 막아보려 하는데도.
그리고 또다시
아무리 애를 쓰고 막아보려 하는데도.
또다시….
너의 목소리가 들려.

 무한 반복되는 두 줄의 가사. 처음엔 신나게 부르다가, 슬쩍 친구들의 눈치를 살폈다. 황당해하는 친구들의 표정이 보였다. 화면엔 여전히 같은 가사가 반복되고 있었다. 어디까지가 1절인지, 어디부터가 2절의 시작인지도 알 수 없었다. 조용히 나는 '취소' 버튼을 눌렀다. 그리고 결심했다. 다시는 이 노래를 노래방에서 부르지 않겠다고. 챠우챠우는 공연장에서 불러야 제맛이다.

 그런데 요즘 델리스파이스 소식이 도통 들리질 않는다. 새 앨범도, 공연 소식도 없다. 여전히 내 플레이리스트엔 그들 노래가 가득한데…. 이제 그들의 기타 소리를, 무심하지만 따뜻한 목소리를 들을 수 없을 것 같아 아쉽다. 사실 그보다는 내가 그들의 노래를 힘차게 부를 기회가 사라진 것 같아 아쉽다. 델리스파이스 형님들이여! 아직 힘이 남아있다면, 그때 그 무대가 생각이 난다면 기타 한 번만 튕겨주시길…. 노래는 우리가 다 부를 테니.

*알고보니 델리스파이스의 프론트맨 김민규 형님께서는 '델리스파이스'도 '스위트피'도 아닌 '김민규'로 꾸준히 활동하고 계셨다. 그리고 가끔이지만 공연도 하셨다. 내가 모르고 있었을 뿐이다.

다행히도 2025 펜타포트 락페스티벌에서 김민규 형님은 다시 한번 기타를 튕겨주셨다. 정말 감사합니다!

#추천 플레이리스트

1. 챠우챠우
2. 고백
3. 항상 엔진을 켜둘게
4. 환상특급
5. 종이비행기
6. 고양이와 새에 관한 진실
7. 어린 나의 왕자에게
8. 저도 어른이거든요
9. 처음으로 우산을 잃어 버렸어요
10. 오랜만의 외출

달이 차오른다 가자
: 장기하

우리 집 현관문 아래엔 동그란 구멍이 있었다. 아침에 일어나면 늘 그곳엔 신문이 꽂혀있었다. 매일 아침 신문을 보며 생각했다. 저 신문을 배달하는 사람은 얼마나 부지런할까? 수없이 많은 관찰 끝에 신문은 새벽 6시쯤 배달 된다는 걸 알 수 있었다. 모든 집에 새벽 6시 이전에 신문을 배달하는 사람. 어쩌면 그는 산타할아버지였을지도 모른다.

내 어릴 적엔 유난히 어린이들에게 신문을 권했다. 신문을 자주 읽는 아이가 공부를 잘한다는 미신이 떠돌았다. 그런 이유에서인지 나도 매일 신문을 펼쳐보았다. 내가 신문을 보는 루틴은 일정했다. 가장 먼저 TV 편성표를 살핀다. 다음으로 스포츠 뉴스를 정독한다. 그리고 시간이 남으면 새로 개봉한 영화나 새로 발매한 앨범을 소개해주는 문화면을 본다. 그리곤 가지런히 신문을 덮는다.

그날도 문화면을 보고 있었다. 한 귀퉁이에 있는 작은 기사가 눈에 들어왔다. '인디밴드 르네상스'라는 제목의 기사였다. 당시만 해도 '인디밴드'라는 말은 꽤 낯설었다. 크라잉넛, 노브레인 등의 밴드가 대중적인 인기를 얻었지만, 그들을 인디밴드라고 부르진 않았다. 그저 록밴드라고 부를 뿐이었다. 그 작은 기사를 지나치지 않은 건, 기사에 실린 장기하와 얼굴들의 사진 때문이었다. 그들의 비주얼은 가히 충격적이었다.

수염이 덥수룩한 더벅머리 남자가 기타를 메고 있었다. 양옆엔 선글라스를 쓴 두 여성이 있었다. 그들 모두 상당히 촌스러운 옷을 입고 있었다. 의도적인 복고풍이라기보단 평소 그들의 스타일처럼 보였다. 그만큼 촌스러움이 잘 어울리는 밴드였다. 기사에서는 장기하를 '장교주', '인디계의 서태지'

라 불렀다. 인디계의 서태지를 몰라봤다니. 내가 요즘 음악 트렌드를 쫓아가지 못했구나…. 학교에 가서 친구들에게 물었다.

"야. 너 장기하 알아?"
"아니."

또다시 물었다.
"야. 너 장기하 알아?"
"아니."

세 번째 물었다.
"야. 너 장기하 알아?"
"아니."

이 몸이 물어물어, 골백번 다시 물어도 장기하를 아는 이는 없었다.

처음 들은 장기하 노래는 <싸구려 커피>였다. 반주가 나오고 거친 숨을 몰아쉬던 그는 구수하게 첫 소절을 불렀다.

싸구려 커피를 마신다~
미지근해 적잖이 속이 쓰려온다.

 황당해서 웃음이 나왔다. 이게 노래야? 동네 아저씨가 골목에서 흥얼거리는 소리지. 이게 노래야? 옆집 백수 형이 하는 신세 한탄이지. 그런 생각을 할 때쯤 그냥 말하는 건지, 랩을 하는 건지, 타령을 하는 건지, 박자가 맞는 것 같기도 하고, 아닌 것 같기도 한 읊조림이 흘러나왔다.

뭐 한 몇 년간 세숫대야에 고여있는 물 마냥
그냥 완전히 썩어가지고 이거는 뭐 감각이 없어

 이게 노래야? 라는 말을 세 번 반복할 정도로 이상한 이런 노래는 들어본 적이 없었다. 그런데 묘하게 그 노래가 마음에 들었다. 듣고 또 들으며, 그 노래를 따라 불렀다. 내가 장기하인지 장기하가 난지 모를 정도로 부르다 보니 그의 읊조림을 정확히 따라 할 수 있는 경지에 다다랐다.

 장기하와 얼굴들의 다른 곡 <달이 차오른다, 가

자>는 공연장에서 큰 인기를 끌었다. 무표정으로 '달이 차오른다, 가자'를 외치던 장기하가 역시나 무표정인 얼굴로 소리친다. 워어어어어어~. 동시에 장기하와 미미시스터즈는 양팔을 위아래로 흔들며 춤을 춘다. 그 모습을 처음 보고 웃음이 터지지 않는 이가 있을까?

장기하와 얼굴들의 가장 큰 단점은 곡이 너무 없다는 것이었다. 그들의 싱글 앨범엔 단 세 곡밖에 없었다. 심지어 그들의 인기곡 <달이 차오른다, 가자>도 정식 음원은 없었다. 나는 그들의 정규 앨범을 기다리고 기다렸다. 마침내 장기하와 얼굴들의 정규 앨범이 나오는 날. 부지런히 학교를 마치고 학원 수업까지 듣고 나니 이미 밤 9시였다. 집으로 돌아오는 학원 차 안에서 그들의 첫 정규 앨범을 들었다. 학원 차를 함께 탄 친구에게 물었다.

"야. 너도 들을래? 장기하와 얼굴들 새로 나온 곡이야."
"이름이 장기하와 얼굴들이야? 이름 지은 꼴을 보니 가수가 아니라 개그맨이구먼."

"노래가 재밌긴 해."

나는 이어폰 하나를 친구에게 양보했다. 그리고 그들의 앨범 이름과 같은 제목의 노래 <별일 없이 산다>를 들었다.

네가 깜짝 놀랄만한 얘기를 들려주마
이마 절대로 기쁘게 듣지는 못할 거다.
뭐냐하면
나는 별일 없이 산다~
뭐 별다른 걱정 없다.

그 순간 우린 웃음을 참을 수 없었다. 함께 학원 차를 탄 다른 친구들이 우릴 이상하게 쳐다봤다. 필사적으로 참았지만 웃음은 새어 나왔다. 큭큭큭. 꺼이꺼이. 친구는 말했다.

"이거 완전 가수가 아니라 개그맨들이구먼."

그날 학원 봉고차 속에서 우린 함께 결심했다. 평생 별일 없이 살자고.

고등학생 때, 장기하가 서울대생이라는 걸 알게 되었다. '서울대생' 타이틀을 붙이고 나니, 그가 뭔가 달라 보였다. 가수가 아니라 개그맨이라고 비웃었던 그의 가사에 뭔가 있지 않을까 고민해보았다. 혹시나 청년 세대를 대변한 것일까? 아니면 사회를 풍자한 가사일까? 한참을 생각하다 결론을 내렸다.

'서울대생은 헛소리를 해도 있어 보이는구나.'

나는 장기하를 롤모델로 삼았다. 그가 서울대생이라고 하니, 왠지 나도 서울대에 갈 수 있을 것만 같았다.

하루는 영어 선생님께서 나를 보시더니 말씀하셨다.

"너, 지금 보니까 약간 장기하 닮았다?"
"네?"

옆에 있던 친구들이 비웃었다. 누군가가 나를 보며 내 롤모델을 닮았다고 한다. 그런데 왜 이리도 기분이 좋지 않을까? 기숙사로 돌아와서 거울을 바라봤다. 내가 진짜 장기하를 닮았나? 한참 동안 바라보니, 조금 닮은 것 같기도 했다. 어쩔 수 없는 운명을 받아들이며 다시 한번 결심했다.

'이 얼굴로는 반드시 서울대를 가야 할 것 같아.'

서울대에 가는 건 만만치 않았다. 보기 좋게 실패했다. 알고 보니 장기하도 만만한 사람이 아니었다. 조금씩 사람들에게 알려지더니, 한순간에 <무한도전 가요제>까지 나오는 록스타가 되었다. 수염을 밀고 살을 빼니 생각보다 잘생겼던 그는 계속해서 실험적인 음악을 만들었다. 넓은 무대에서도 관객을 한순간에 사로잡는 아티스트가 되었다.

몇 년 전 장기하는 로큰롤을 넘어서기 위해 '얼굴들'과 결별했다. 장기하와 얼굴들은 자신들이 걸어온 발자취에 스스로 만족했다. 더 이상 좋은 결과물이 나오기 어렵다고 판단하며 박수칠 때 떠났다. 홀로서기를 한 장기하는 록을 벗어난 다양한 장르를 실험하며 음악적 묘기를 부리고 있다. 베테랑2의 음악 감독을 맡기도 했다. 늘 장기히는 장기하다운 음악을 했다. 록을 할 때도, 영화 음악을 할 때도, 다양한 실험적인 장르에 도전할 때도 자신의 색깔을 잃지 않았다. 그래도 가끔 예전 '장기하와 얼굴들'이 그립다. 풍성한 밴드 사운드 위에 장기하의 읊조림이 얹혀진 그 음악이 생각난다.

#추천 플레이리스트

1. 싸구려 커피
2. 느리게 걷자
3. 정말 없었는지
4. 달이 차오른다 가자
5. TV를 봤네
6. 부럽지가 않아
7. 별일 없이 산다
8. 아무 것도 없잖어
9. 그렇고 그런 사이
10. 그때 그 노래

내가 손을 잡을게 너는 힘을 빼도 돼
: 데이먼스 이어

　요즘 <폭삭 속았수다>가 인기다. 주위에서 만나는 사람마다 모두 <폭삭 속았수다> 이야기다. 넷플릭스 첫 화면에도 늘 <폭삭 속았수다>가 뜬다. 포스터엔 옛 교복을 입은 아이유와 박보검이 서있다. 무슨 이야기일지 감이 잡히지 않는다. 들려오는 풍문으로는 굉장히 감동석이라고 한다. 좋아하는 장르는 아니지만, 그래도 궁금했다. 늘 볼까 말까 고민하다 다른 영화를 봤다. 결국 지금도 아직 한 편도 못 보고 있다.

　얼마 전 가요무대에 <폭삭 속았수다>의 주인공 아이유와 박보검이 나왔다. 둘은 무대에서 <산골 소

년의 사랑 이야기>를 불렀다. 원래도 좋은 노래였지만, 두 사람에게 너무 잘 어울리는 노래였다. 둘은 예쁜 가사를 곱게도 불렀다. <소나기>의 소년 소녀가 떠올랐다.

풀잎새 따다가 엮었어요.
예쁜 꽃송이도 넣었구요.
그대 노을빛에 머리 곱게 물들면
예쁜 꽃모자 씌워 주고파.

이 노래를 듣고 나니 <폭삭 속았수다>를 보고 싶은 마음이 1.6배 정도 커졌다. 하지만 아직도 보진 않았다.

○

얼마 전 뉴스에서 시골 초등학교 소식을 봤다. 그 학교는 올해 입학생이 딱 한 명이었다. 유일한 입학생이 궁금해 전교생이 한 교실에 모였다. 그들 모두를 합쳐도 열 명도 되지 않았다. 산골엔 점점 소년 소녀들이 사라지고 있다. 남아있는 몇 안 되는 소년 소녀들도 풀잎새 따다가 엮거나, 냇가에 고무신 벗어놓고 놀진 않는다. 여러 매체를 통해 도시의 모습을 잘 알고 있다. 도시를 동경하며 산골을 벗어나기 위해 애쓴다. 시대가 바뀌면 산골 소년 소녀들도 변한다.

그래도 여전히 저 노래가 울림을 주는 이유는 변치 않는 마음이 우리에게 있기 때문이다. 과거의 산골 소년 소녀뿐만 아니라 지금의 산골 소년 소녀들도 품고 있는 마음. 산골 소년 소녀뿐만 아니라 농어촌 소년 소녀, 변두리 소년 소녀, 대치동 소년 소녀, 광역시 소년 소녀, 신도시 소년 소녀까지 모두 가지고 있는 마음. 지금은 다 커버린 된 과거의 소년 소녀들도 한 번쯤은 가졌던 마음.

좋아하는 누군가를 떠올리는 마음.
아니, 저절로 누군가가 떠오르는 마음.

'데이먼스이어'의 노래를 들으면 그 마음이 느껴진다.

○

 군대를 전역한 지 얼마 되지 않을 때였다. 오랜 시간을 억압의 세계에서 살았다. 드디어 자유의 세계로 넘어오자, 하고 싶은 게 참 많았다. 그중 하나는 음악이었다. 전역하고 얼마 되지 않아서 빈털터리였다. 한참을 고민하다가 2옥타브밖에 안 되는 작은 마스터 건반을 샀다. 10만 5천원짜리 마스터 건반은 그냥 누르면 소리가 나지 않았다. 노트북에 연결해야 소리가 났다. 노트북 스피커에서 나오는 소리는 그리 맑진 않았지만, 다양한 악기 소리를 낼 수 있어서 마음에 들었다. 한동안 퇴근 후엔 그 건반과 함께 시간을 보냈다. 피아노도 치고, 기타도 치고, 드럼도 칠 수 있는 내 소중한 장난감이었다.

 나는 그 작은 건반으로 코드 반주를 하며 노래를 불렀다. 충분히 연습한 뒤 노래하는 모습을 찍었다. 전 여자친구이자 현 아내에게 그 영상을 보냈다. 그녀가 원하지 않았지만, 그냥 보냈다. 그녀는 늘 아무 말이 없었다. 비난도, 감탄도 없었다. 그래도 늘 묵묵히 내가 보낸 영상을 봐주었다. 그게 좋았던 나는 계속 내 노래하는 모습을 보냈다.

하루는 잘못 누른 유튜브 플레이리스트에서 마음에 드는 노래를 만났다.

내가 손을 잡을게. 너는 힘을 빼도 돼.

첫 소절이 너무 좋았다. 그 문장을 전해주고 싶은 사람이 있었다. 집에 도착하자마자 노트북을 켰다. 검색창에 제목을 검색했다. 내가 손을 잡을게 너는 힘을 빼도 돼. 아름답고도 긴 제목이었다. 알고 보니 제목은 따로 있었다. <Yours>였다. 노래를 몇 번 더 듣고 내 장난감 미니 키보드를 꺼냈다. 이번엔 좀 더 진심을 담아 연습했다.

내가 손을 잡을게. 너는 힘을 빼도 돼.
그저 복사꽃 핀 거릴 걷자.

몇 번의 재촬영 끝에, 마침내 실수 없이 찍은 영상을 보냈다. 영상 아래 답장이 왔다.

'오. 좋다.'

처음으로 들은 긍정적 반응이었다. 그 순간 나는 데이먼스이어에게 정말 고마웠다.

얼마 전이었다. 차에서 나오는 노래를 따라 부르던 내게 아내가 말했다.
"나 사실 걱정이 있어."
"뭔데?"
"우리 나중에 아기 생겼는데 너처럼 음치면 어떡해."

이젠 알 수 있다. 이건 유머가 아닌 진심이라는 걸. 그래도 고맙다. 진심을 숨기고 '오. 좋다.'라고 해주었던 그때 그 순간들이.

상대방을 위해 진실을 살짝 눌러두는 마음. 진실의 고통을 견딜 수 있는 사람이 될 때까지 기다려 주는 마음. 이제서야 마침내 웃으며 진실을 털어놓는 마음. 그 마음 또한 참 다정하고, 아름답다.

#추천 플레이리스트

1. Yours
2. josee!
3. salty
4. Mondegreen
5. 너의 기사
6. 죽지 않은 연인에게
7. Busan
8. 창문
9. 태엽감기
10. gestalt

펑크록은 죽지 않는다.
: 극동아시아타이거즈

홍대 인디씬의 첫 장을 연 건 펑크록이었다. <말달리자> 크라잉넛, <바다 사나이> 노브레인을 선두로 한 조선 펑크는 완성도가 그리 높진 않았다. 하지만 거칠고 단순한 날것의 에너지는 오히려 청춘들에게 해방감을 느끼게 했다. 관객들은 단순히 음악만 듣는 것이 아니었다. 몸을 던지고, 부딪히며 펑크록을 즐겼다. 이후 레이지본, 타카피, 검엑스 등 다양한 펑크록 밴드들이 조선 펑크의 맥을 이어갔다.

시간이 흐르면서 홍대는 점점 더 다채로운 음악을 품기 시작했다. 다양한 밴드들이 등장했고, 새로운 장르들이 얼굴을 내밀었다. 브릿팝, 모던록, 포크, 사이키델릭 등등. TV에서는 접할 수 없던 음악을 홍대 라이브 클럽에서는 들을 수 있었다. 홍대는 개성 넘치는 뮤지션들이 모여드는 상징적인 장소가 되었다.

그 과정에서 검정치마, 10cm, 혁오의 음악 같은 잔잔하고 감성적인 음악이 대중들의 주목을 받았다. 그러자 그와 닮은 음악이 쏟아져 나왔다. 서정적인 멜로디. 외로움, 사랑, 낭만을 노래하는 가사. 힘을 빼고 담담하게 노래하는 보컬. 비슷비슷한 기타 톤. '인디 음악은 다 거기서 거기'라는 조롱 섞인 말까지 돌았다. 그 속에서 어느새 펑크록은 인디 음악의 뒷전이 되었다. 크라잉넛과 노브레인의 명성을 이어받을 밴드가 보이지 않았다.

○

지구가 분명 뭔가 잘못되었다. 여름 더위가 점점 더 무자비해지고 있다. 매년 가는 펜타포트 락페스티벌에서 기후 위기를 몸소 느낀다. 재작년 여름보다 작년 여름이 덥고, 작년 여름보다 올해 여름이 덥다. 한여름의 가장 뜨거운 오후. 나와 아내는 2025

펜타포트 락페스티벌 기념 티셔츠를 사겠다며 기나긴 줄을 서고 있었다. 한 시간 넘게 땡볕에서 줄을 섰는데, 사려던 티셔츠가 다 팔리고 없다는 사실을 알게 되었다. 분노가 하늘을 찌르려는 그 순간, 저 멀리서 극동아시아타이거즈의 목소리가 들렸다.

"안녕하십니까. 저희는 극동아시아타이거즈입니다. 어흥!"

기아 타이거즈의 오랜 팬으로서 '타이거즈'라는 단어에 저절로 반응했다. 무슨 뜻인진 잘 모르겠지만, 밴드 이름이 참 멋있다고 생각했다. 보컬은 말을 이어나갔다.

"너무 더워서 비가 좀 내리면 좋겠네요. 무슨 냄새 안나실깝숑? 비냄새 들려드릴게요!"

까불거리는 보컬의 말투에 안 그래도 솟구치는 분노가 폭발할 뻔했다. 그런데 무대 위에서 그들이 연주를 시작하는 순간, 나는 정신이 번쩍 들었다. 시원하게 내지르는 보컬, 날카롭고 경쾌하게 내달리는 기타, 거칠게 몰아치는 베이스와 드럼. 그린데이가 떠오르는 그 음악은 분명 펑크록이었다. 맥이 끊긴 줄만 알았던 조선 펑크록. 관객들은 땡볕 아래서 둥근 원을 만들었다. 극동아시아타이거즈 음악에 맞춰 슬램을 시작했다. 쇠약한 몸인지라 그사이에 끼어들진 못했지만, 서로의 몸을 부딪치며 신나게 뛰어다니는 사람들을 지켜보며 벅차오름을 느꼈다.

○

그 무대를 보고 극동아시아타이거즈에게 반했다. 그들의 유튜브 채널을 구독했다. 그곳에서 <호랑이, 여름 그리고... 극동아시아타이거즈>라는 영상을 보게 되었다. 극동아시아타이거즈가 펜타포트 락페스티벌 무대에 오르기까지 과정이 담긴 다큐멘터리였다. 그들은 작년까지만 해도 락페스티벌 무대에 서보는 게 꿈이었던 밴드였다. 펜타포트 락페스티벌에 설 수 있는 기회를 주는 오디션 '펜타 슈퍼루키'에 참가한 그들은 멋진 무대를 뽐내고도 초조함과 불안함을 한껏 드러낸다. 마치 그들의 노래 가사 같았다.

흔들리는 시간 속에
우리는 뜨겁게 웃고 있고

흔들리는 마음 안에서
불안함을 가지고 달려가는 중
<흔들리는 시간 속에>

그들은 당당히 '펜타 슈퍼루키'로 발탁되었고, 2024년 그들이 꿈꾸던 펜타포트 락페스티벌 무대에 선다. 그리고 1년 뒤 2025년. 극동아시아타이거즈는 펜타포트 락페스티벌의 마지막 날 오프닝 무대를 열었다. 그들은 말도 안 되게 멋진 무대를 보여주며 앞으로가 더 기대되는 밴드가 되었다.

○

시끄러운 음악이라며 외면을 받기도 하지만 펑크가 필요한 순간은 분명히 있다. 답답한 세상에 주먹질하고 싶을 때, 땀을 흠뻑 흘리며 뛰어놀고 싶을 때, 내게 아직 열정이 살아 있음을 느끼고 싶을 때. 펑크록은 우리의 해방구가 되어 준다. 정말 오랜만에 펑크록을 하는 밴드를 발견해서 정말 기쁘다. 한껏 무대를 즐기는 그들의 얼굴엔 음악을 사랑하는 마음이 담겨있다. 가사에 청춘, 낭만이란 단어 하나 없지만, 그들이 노래하고 연주하는 모습 자체가 청춘이고 낭만이다. 펑크록을 사랑하는 그들의 순수한 모습에서 크라잉넛의 초창기 모습이 얼핏 보인다. 그들도 훗날 크라잉넛처럼 30주년을 축하할 수 있는 밴드가 되길 바란다.

어흥!

#추천 플레이리스트

1. 흔들리는 시간 속에
2. 비 냄새
3. 면목중학교
4. 시간이 지나간다면
5. Hello
6. 고양이, 선인장 그리고...
7. 언제까지나
8. 이미 늦어버린 것 같지만
9. Alright
10. 별

에필로그
: 로큰롤의 시대가 오고 있다

 2006년 우리나라는 힙합 불모지였다. 방송에 나오는 래퍼는 드렁큰 타이거, 에픽하이, 다이나믹 듀오 정도였다. 아! 가장 중요한 사람을 빼먹었다. MC 몽! 이런 힙합의 암흑기에 언더그라운드에서 라임 3대 천왕으로 이름을 날리던 래퍼 '화나'는 발칙한 상상을 한다.

 그날이 오면 길거리 그 어디를 거닐든
 공기를 타고 퍼지는 리듬 소리를 듣게 돼.
 국내외 모두에게 크게 랩이 유행해.
 그게 내 꿈의 세상.
 <그날이 오면 - 화나>

10년쯤 지나서 그의 소원은 이루어졌다. 랩은 '쇼미더머니'를 시작으로 완전한 주류로 자리 잡았다. 래퍼들은 행사 섭외 1순위이고, 번 돈을 펑펑 쓰며 자랑한다. 래퍼들은 그야말로 스타가 되었다. 이제는 초등학교 2학년 차미반 노을이까지 랩을 한다. 대한민국에 힙합의 시대가 온 것이다.

트로트도 엄청난 인기를 누리고 있다. 불과 몇 년 전까지도 트로트 하면 뽕짝을 떠올렸다. 반짝이 옷을 입은 태진아와 송대관. 상하이 트위스트 설운도. 어머나! 어머나! 이러지 마세요~ 장윤정. 아모르 파티! 박연자. 하지만 <미스 트롯>의 송가인이 불러온 열풍은 <미스터 트롯>으로 그대로 이어지며 완벽한 세대교체를 해냈다. <미스터 트롯>의 멤버들은 전국 어머님들의 폭풍 지지를 받고 있다. 이후 비슷한 프로그램이 쏟아져 나왔고, 그들 모두 각자의 팬에게 사랑받고 있다. 대한민국에 트로트의 시대가 온 것이다.

힙합, 트로트. 다음은 무엇이겠는가? 그렇다. 이제 록의 차례이다. 아주 조금씩 그 조짐이 보인다. 잔나비,

데이식스의 노래가 거리에서 울려 퍼진다. 유튜브에서 만들어진 밴드 QWER은 곡이 나오는 즉시 차트를 장악한다. 인디 음악에 대한 관심도 늘어났고, 웬만한 체력으론 버티기 힘든 한여름의 락페스티벌에도 엄청난 인파가 모인다. 드디어 아기다리고기다리던 록의 시대가 올 것인가?

○

내 기억 속을 거쳐 간 록밴드 이야기를 썼다. 내가 좋아하는 로큰롤 스타들을 자랑하고 싶었다. 밴드로 먹고살기 힘든 세상. 꿋꿋하게 버틴 밴드도 있고, 활짝 꽃 피우고 있는 밴드도 있지만, 소식을 알 수 없는 밴드들도 있다. 그래도 록은 죽지 않는다. 영어로 Rock will never die. 록의 불모지에서도 새로운 밴드들이 꾸준히 나오고 있고, 사람들의 마음을 얻고 있다. 곧 다가올 록의 시대엔 능력을 숨기고 일상을 살아가던 로큰롤 스타들이 다시 무대에 설 날이 올 것이라 믿는다.

이야기하고픈 로큰롤 스타들이 아직도 많다. 지

면의 한계가 아닌 순전히 내 게으름 때문에 이 책에다 담지 못했다. 정말

미안해 죽겠다.

언젠가 그들도 소개하고 싶지만, 장담할 수 없으니 이름이라도 외쳐본다.

언니네 이발관, 게이트 플라워즈, 노브레인, 몽니, 3호선 버터플라이, 피아, 넬, 자우림, YB, 데이브레이크, 로맨틱 펀치, 안녕바다, 칵스, 글렌체크, 솔루션스, 브로콜리너마저, 가을방학, 눈뜨고코베인, 쏜애플, 라이프앤타임, 브로큰 발렌타인, 짙은, 이승윤, 마이앤트메리, 새소년, 비둘기우유, 검정치마, 한로로, 구남과어라이딩스텔라, 옐로우 몬스터즈, 9와 숫자들, 서울전자음악단, 디어클라우드, 아침, 이디오테잎, 페퍼톤즈, 피터팬 컴플렉스, 허클베리핀, 불나방스타쏘세지클럽. 그리고 내 머리가 나빠 차마 기억하지 못한 모든 로큰롤 스타들.

좋은 음악을 선물해주셔서 감사합니다.

○

2025년은 대한민국 로큰롤 역사에 의미있는 해이다. 국카스텐이 11년만에 3집을 낸 해이자, 실력파 아이돌 밴드 데이식스가 10주년을, 펜타포트 락페스티벌이 20주년을, 국보급 밴드 YB와 크라잉넛이 데뷔 30주년을 맞이한 해이며, 세계적 르큰롤 스타 콜드플레이, 펄프, 뮤즈와 15년 만에 재결합을 한 오아시스까지 한국을 찾은 해이다. 이런 기념비적인 2025년에 이 책을 출간하게 되어 무지하게 영광스럽다. 2025년의 기세를 몰아 앞으로도 대한민국에 로큰롤 음악이 널리 퍼지길 바란다.

기후 위기, 생물 다양성 감소, 대기 오염, 자원 고갈, 디지털 격차, 세대 갈등, 이념 갈등, 불평등 심화, 일자리 감소, 기타 등등 온갖 문제로 가득한 이 세상.

이 빌어먹을 세상엔 로큰롤 스타가 필요하고,
로큰롤의 시대는 반드시 온다.
곧 온다.

"재호 록 알아? 록? 아. 바위 말고, 로큰롤. 재호야 지금부터 하는 아버지 얘기 잘 기억해. 레드 제플린, 딥 퍼플, 핑크 플로이드, 너바나, 신중현, 사랑과 평화, 부활, 시나위, 들국화, 산울림, 재호 꼭 들어, 꼭 들어야 돼. 재호, 알았지?"

　－영화 <즐거운 인생> 중에서 －

이 빌어먹은 세상엔 로큰롤 스타가 필요하다
ⓒ맹비오 2025

초판 1쇄 발행 2025년 10월 31일
초판 2쇄 발행 2025년 11월 28일

지은이 　맹비오
디자인 　이수양
발행처 　인디펍
발행인 　민승원
출판등록 2019년 01월 28일 제2019-8호
전자우편 cs@indiepub.kr
대표전화 070-8848-8004
팩스 0303-3444-7982
정가 13,000원

ISBN 979-11-6756740-6 (03810)

*이 책의 판권은 지은이에게 있습니다.
　*이 책의 전부 또는 일부를 이용하려면 반드시 저작권자의 서면 동의를 받아야 합니다.